AF150046

Hans A. Vollmer

Die alttestamentlichen Zitate bei Paulus

Nebst einem Anhang über das Verhältnis des Apostels zu Philo

Hans A. Vollmer

Die alttestamentlichen Zitate bei Paulus
Nebst einem Anhang über das Verhältnis des Apostels zu Philo

ISBN/EAN: 9783743492189

Hergestellt in Europa, USA, Kanada, Australien, Japan

Cover: Foto ©Lupo / pixelio.de

Hans A. Vollmer

Die alttestamentlichen Zitate bei Paulus

Die

Alttestamentlichen Citate

bei Paulus

textkritisch und biblisch-theologisch gewürdigt

nebst einem Anhang

Ueber das Verhältnis des Apostels zu Philo

von

Hans Vollmer.

τὸ . . . γράμμα ἀποκτέννει,
τὸ δὲ πνεῦμα ζωοποιεῖ. — (II Kor 3 6.)

Freiburg i. B. und Leipzig 1895.
Akademische Verlagsbuchhandlung von J. C. B. Mohr
(Paul Siebeck).

Dem Andenken meines Vaters.

Vorwort.

Auf das Bedürfnis einer neuen Untersuchung der alttestamentlichen Citate bei Paulus hat jüngst Grafe[1] aufmerksam gemacht. Er denkt dabei besonders an die Art ihrer Auslegung und deren Bedeutung für die Anschauung des Apostels vom Gesetz. Und in der That trat diese Frage in den letzten deutschen Monographien hinter der textkritischen in auffälliger Weise zurück. Doch kann auch die von Grafe gewünschte Untersuchung ohne eine genaue Prüfung des materialen Befundes nicht geführt werden. Ob Paulus nach dem masorethischen Texte oder nach der Septuaginta citiert, ob er auch andere Versionen gebraucht, ob er wörtlich anführt oder sich bei der Wiedergabe Freiheiten erlaubt, ob er stets aus dem eigenen Gedächtnis schöpft oder zuweilen auch jüdische Spruchsammlungen benutzt: das sind Fragen, die bei einem Urteil über des Apostels Ansicht vom Alten Testament nicht unberücksichtigt bleiben können. Eine neue Behandlung der paulinischen Anführungen aus dem Alten Testament wird sich darum eine selbständige Prüfung des textkritischen Apparates nicht ersparen dürfen, um so weniger, als seit den letzten deutschen Bearbeitungen manch neues Hilfsmittel hinzukam, das bei jenen noch nicht zu Gebote stand. — Neben den ausdrücklich als Citaten gekennzeichneten Anführungen waren diejenigen Stellen zu berücksichtigen, die ohne dieses

---

[1] Vgl. d. Vorwort z. 2. verb. Aufl. seiner Paulin. Lehre vom Gesetz nach den vier Hauptbriefen. Freiburg i. B. u. Leipzig 1893.

Merkmal sich dennoch als Entlehnungen aus dem Alten Testament erwiesen, sowie die blossen Anspielungen auf alttestamentliche Sprüche oder Erzählungen. Gerade solche Stellen sind oft äusserst charakteristisch für des Apostels Auffassung vom Alten Testament. — Diese Erweiterung der Aufgabe mag es denn auch entschuldigen, dass die Untersuchung vorläufig auf die vier Hauptbriefe beschränkt blieb.

Der Anhang vermerkt einige Beobachtungen, die vielleicht zur Lösung der für unsern Gegenstand nicht unwichtigen Frage beitragen werden, ob der Apostel Schriften Philo's gekannt habe. — Den Anspruch auf einen definitiven Nachweis der Abhängigkeit des Paulus von dem alexandrinischen Philosophen erhebt diese Untersuchung nicht. Sie ist nicht das Resultat einer geflissentlichen Durchforschung der Werke Philo's nach Berührungen mit den paulinischen Briefen, sondern nur Zusammenstellung gelegentlicher Beobachtungen. Das entscheidende Wort in dieser Frage wird erst auf Grund einer neuen Gesamt-Ausgabe der Werke Philo's gesprochen werden können, wie sie Wendland vorbereitet.

Allen meinen hochverehrten Lehrern möchte ich auch an dieser Stelle herzlichen Dank aussprechen, insbesondere den Herrn Professoren Grafe und Sell, die mich in ihren Seminarien wissenschaftlich gefördert und persönlich stets in liebenswürdigster Weise beraten haben. Herr Professor Dr. Grafe gab mir auch zu der vorliegenden Untersuchung die Anregung und im Verlauf der Arbeit manchen fördernden Wink.

Bonn, im November 1894.

D. V.

Plan der Untersuchung.

Geschichte des Urteils über die Schriftbenutzung bei den neutestamentlichen Autoren [1].

Schon Celsus und Porphyrius, sowie besonders auch jüdische Philosophen warfen den Christen vor, ihre Apostel hätten in den alttestamentlichen Citaten den genuinen Sinn verdreht: was von David oder Salomo, Jesaia's Sohn oder dem ganzen jüdischen Volke ausgesagt sei, das werde von jenen alles auf ihren Christus bezogen [2]. Doch auch inner-

---

[1] Vgl. zum Folgenden besonders: Wettstein, Novum Testamentum graecum, Amst. 1752. tom. I, p. 237 ff.

Tholuck, Das Alte Testament im Neuen Testament 1836, 1849 [3] 1860 [5], 1877 [7] (p. 1 ff. geschichtl. Einleitung).

Diestel, Geschichte des Alten Testaments in der christlichen Kirche, 1869.

Böhl, Die alttestamentlichen Citate im Neuen Testament, 1878 (p. XIX—XXVII).

v. Hofmann, Bibl. Hermeneutik. Nach Manuskripten u. Vorless. herausgeg. von Volck, 1880.

[2] Wie sich d̓, ̦e Auffassung vom Alten Testament christlicherseits immer weiter ausbildete, zeigen Stellen wie II Kor 1 20 Lc 24 27 44 ff. Act 3 24 I Petr 1 11 u. Barnab 12 7, wo es nach Deutung der Schlange in Num 21 8 f. auf Christus heisst: ἔχεις πάλιν καὶ ἐν τούτοις τὴν δόξαν τοῦ Ἰησοῦ, ὅτι ἐν αὐτῷ πάντα καὶ εἰς αὐτόν. Vgl. 5 a. Justin Apol. I c. 31 u. a. Dial. c. 114, 119. Can. Murat. wird von Paulus ausgesagt: romanis . . . . ordine(m) scripturarum sed et principium esse XPm intimans scripsit etc. Charakteristisch ist es auch, dass Justin, Tertullian und andere Väter dem Marcion, der die Allegorie als willkürlich verwarf, den Mangel an Beweisen für seine Lehre zum Vorwurf machten, Harnack, Dogm.-Gesch. I² 227 A. 3.

Vollmer, Alttestamentliche Citate. 1

halb der Kirche selbst wurden früh Bedenken laut. Hatten die klementinischen Recognitionen im Zusammenhange mit ihrer Betonung der Tradition die Apostel als die Vermittler des rechten Verständnisses des Alten Testaments hingestellt [1], so bemerkt Hieronymus. obschon in der Praxis eigener Auslegung der Allegorie durchaus nicht abhold [2], zu Micha 5,2: in omnibus paene testimoniis quae de Vetere Testamento sumuntur istius modi esse errorem, ut aut ordo mutetur aut verba, et interdum sensus quoque diversus sit vel Apostolis vel Evangelistis non ex libro carpentibus testimonia, sed memoriae credentibus, quae nonnumquam fallitur. An andrer Stelle [3] sagt er sogar: Paulus in testimoniis, quae sumit de Vetere Testamento · quam artifex, quam prudens. quam dissimulator est eius, quod agit! Und derartige Vorwürfe sind oft wiederholt worden. — Dem gegenüber musste man irgendwie Stellung nehmen. — Von den älteren Auslegern acceptieren die einen den specifisch-christlichen Sinn als den schon im Alten Testament wirklich gewollten — so im allgemeinen Augustin [4], Luther [5], Calov [6] u. a., namentlich lutherische Theologen - ; andere, wie Clemens Alexandrinus, Origenes, Eusebius von Caesarea, Methodius. Basilius, die beiden Gregore, Ephräm, Hilarius, Ambrosius und die meisten unter den reformierten Theologen:

[1] Vgl. Diestel, l. l. p. 40 f.

[2] Es zeigt sich in diesem Punkte bei ihm ein merkwürdiges Schwanken ¸ „Die alexandrinische Theorie vom dreifachen Schriftsinn stellt er bald als eine fremde hin, bald scheint er sich ihr anzuschliessen". In der epistul. 53 ad Paulinum verwirft er die Auslegung, die sich nicht mit dem einfachen Sinn der prophetischen oder apostolischen Stellen begnügen wolle, und redet doch gleich darauf von dem sensus latens der Erzählungen im Richterbuch etc. Vgl. Diestel l. l. p. 98 ff.

[3] Vgl. epist. 48 ad Pammachium.

[4] Novum Testamentum in Vetere latet, Vetus in Novo patet.

[5] Wenn auch nicht ganz konsequent.

[6] Zu Ebr 1,5 non sensum geminum habet, sed ut omnia scripturae loca unicum tantum, quia spiritus sanctus non Apollinis more locutus ambigue sensum diversum iisdem verbis occultavit.

z. B. Zwingli[1], Bucer, Cocceius, auch Melanchthon
u. a. nahmen einen Doppelsinn an, während eine dritte
Richtung, die unter andern durch die Antiochener Chryso-
stomus und Theodoret vertreten ist, sich bald der einen,
bald der andern Auslegungsweise bedient.

Aber es finden sich auch schon früh Forscher, die in
manchen neutestamentlichen Anführungen von Stellen des
alten Bundes überhaupt nicht Reflection auf darin enthaltene
Weissagungen, sondern nur Hinweis auf den vorliegenden
ähnliche Gedanken oder Begebenheiten erblickten. Namentlich waren es Vertreter der Schulen von Antiochia, Nisibis
und Edessa, welche in Verbindung mit einem grösseren
grammatisch-historischen Verständnis des Schriftworts im
Gegensatz zu den Ausschreitungen der Allegorie der bloss
typischen Deutung ein weiteres Feld einräumten, ohne jedoch
mit dieser Auffassung durchdringen zu können. Doch sagt
im 6. Jahrhundert Cosmas Indicopleustes: ὅσα δὲ ἕτερα
ἐξέλαβον οἱ ἀπόστολοι ἐκ τῶν ψαλμῶν, οὐχ ὡς εἰς Χριστὸν κυρίως
εἰρημένα ἐξέλαβον, ἀλλ᾽ ὡς ἁρμόζοντα τῇ ὑποθέσει . . . . . οἷον
ἐποίησε καὶ ὁ μακάριος Παῦλος τὴν χρῆσιν Μωυσέως μεταβαλὼν
εἰς τὴν ἰδίαν ὑπόθεσιν (Rm 10 6). Nachdem dann im Mittel-
alter besonders die Victoriner, doch auch Thomas von
Aquino und Bonaventura, wenn auch noch ganz in der
hermeneutischen Regel der Zeit vom mehrfachen Schriftsinn
befangen, das buchstäbliche Verständnis des Alten Testaments
wieder zu einigem Rechte hatten kommen lassen, bemerkt
Calvin zu einer Reihe von alttestamentlichen Citaten bei
Evangelisten und Aposteln, dieselben hätten darin nicht
Weissagungen gesehen, sondern sich der alten Sprüche nur
als solenner Ausdrucksmittel eigener Gedanken bedient. Non
fuisse propositum apostolo — meint er zu Ebr 2 7 — genui-
nam verborum expositionem referre. Nihil enim est incom-
modi, si allusiones in verbis quaerat ad ornandam praesentem

---

[1] Zu Mtth 2 18: omnia, quae in Vetere Testamento etiam vere
sunt gesta, in figura tamen contigerunt et figurae fuerunt; in Christo
omnia consummantur et vere implentur.

causam. wozu dann auch er Rm 10 6 vergleicht. Diesen Standpunkt teilen und begründen unter andern die arminianischen Theologen Grotius[1] und Wettstein, beide zu Mtth 1 22. Es gebe zwar — so führt der letztere aus — Weissagungen, die ihre Erfüllung erst in Christo gefunden hätten; aber er wage doch nicht alle Citate aus dem Alten Testament im Neuen zu den Weissagungen auf Christus zu rechnen, da man dabei leicht zu Künsteleien und Juden gegenüber in's Gedränge komme. Doch liege zu dieser Auffassung auch durchaus keine Nötigung vor: cum enim et voces singulas et modos loquendi omnes ab aliis accipere teneamur, quid impedit, quominus ego duos, tres, quattuor alterius scriptoris versus meos faciam, iisdemque versis eodemque ordine positis mei animi sensa exprimam, quibus ille alia occasione sui animi sensa expressit? Zur Illustration bringt er dann Aehnliches aus der Profanlitteratur; unter anderm eine Stelle aus Eustath. in Od. T. 687, 52 τῷ ἐπὶ Ἀμφενόμου ῥηθέντι ... ἐπὶ κακούργον ἀνδρὸς τῶν τις σοφῶν ἐχρήσατο ὕστερον, τὸ μὲν σῶμα φυλάξας τῆς γραφῆς, παραποιήσας δὲ τὸν νοῦν δεξιῶς πρὸς ὅπερ ἐβούλετο[2].

Doch die Erklärung reichte nicht aus: Man konnte sich des Eindrucks nicht erwehren, dass bei einer ganzen Reihe von Anführungen des Alten Testaments die neutestamentlichen Autoren den spezifisch-christlichen Sinn als den eigentlichen, gottgewollten darstellten, während derselbe dem kritischen Blick als Umbiegung des genuinen erscheinen musste. — Da blieben nur zwei Möglichkeiten.

[1] Gegen ihn schrieb der grimmige Calov in seiner biblia illustrata.

[2] Weitere Parallelen, auch aus jüdischer und christlicher Litteratur, vgl. Tholuck l. l. p. 17 f. 23. Einer solchen Auffassung neutestamentlicher Citate steht auch das ἵνα πληρωθῇ nicht im Wege, da Wettstein den Gebrauch dieser Formel auch dort nachweist, wo die Ansicht ausgeschlossen ist, dass die angeführte Stelle nur für den vorliegenden Fall geschrieben sei. Vgl. auch die talmudische Fabel von dem hartnäckig götzendienerischen Knaben, der tot über seinen Götzen hinfällt ad implendum Lev 26 30 bei Meuschen, N. T. ex talmude et antiquitatibus Hebraeorum illustratum, Leipz. 1736, p. 188f.

Die Zeit der Aufklärung brachte die Akkomodationstheorie, nach welcher Jesus und die Apostel sich nur aus pädagogischer Rücksichtnahme auf jüdische Denkweise veranlasst gesehen hätten, mit den Mitteln damaliger Hermeneutik an das Alte Testament anzuknüpfen, um von hier aus zur Wahrheit hinüberzuleiten[1].

Aber wozu dann die Anwendung dieser Interpretation bei Heidenchristen? — So blieb denn nur noch eine Erklärung: das Zugeständnis, dass die neutestamentlichen Autoren selbst das Alte Testament im Grunde als ein christliches Offenbarungsbuch fassten, dessen verborgenen Sinn sie mit den Mitteln damaliger Exegese zu gewinnen suchten. Nachdem man mit Ueberwindung des alten Inspirationsbegriffs auch in den Schriften des Neuen Bundes zwischen Schale und Kern hatte unterscheiden lernen, erkannte man auch vom Standpunkte des Supranaturalismus an, dass die apostolische Auslegung des Alten Testaments für uns nicht absolut verbindlich sein könne[2]. — Freilich fehlte es nicht an gegnerischen Stimmen: Rothe hatte sich mit Stier auseinanderzusetzen, und v. Hofmann[3] meint: „unsere Schriftwissenschaft, soweit sie das alte Testament betrifft, hat keine höhere Aufgabe, als die, zu einer wissenschaftlich begründeten Methode der Schriftauslegung zu gelangen, vermöge deren wir mit Bewusstsein und unter Aufzeigung der von den Aposteln unausgesprochenen Vermittlung ebenso auslegen, wie die Apostel ausgelegt haben, welche es unvermittelter Weise thaten.“ — Nach ihm wäre die Schriftdeutung der neutestamentlichen Autoren der rabbinischen nur scheinbar ähnlich, im wesentlichen aber grundverschieden von ihr (p. 10). — Dennoch ist man neuerdings immer mehr

---

[1] Vgl. dagegen die Schlussbemerkungen der Dissertation von G. Roepe: de veteris testamenti locorum in apostolorum libris allegatione, Halle 1827.

[2] Vgl. die klaren Ausführungen bei Rothe, Zur Dogmatik[2], 1869, p. 171—197, bes. 181 f.

[3] l. l. p. 11, vgl. auch p. 152, 163, 210 f.

zu der Erkenntnis gelangt, dass die Verfasser der Schriften des Neuen Bundes in ihrer Stellung zu den Worten des Alten nur aus ihrer Zeit heraus zu verstehen seien. — Dem entsprechend ist auch die Methode im zweiten Teile der vorliegenden Untersuchung keine ausgleichende, sondern eine vergleichende. —

Litteraturverzeichnis [1].

Von spezieller Litteratur über alttestamentliche Citate im Neuen Testament kommen hier in Betracht:

Franciscus Junius, „sacrorum parallelorum libri tres", Heidelberg 1588.

J. Drusius, „parallela sacra", Franeker 1594; auch abgedr. in den „Critici sacri", Lond. 1660, Amst. 1698, Francf. 1697—1701 [2].

Paulus Tossanus, „Biblia", Heidelberg 1617.

Andr. Kesler, „disputatio de dictorum V. T. in Novo allegatione" etc. 1627, aufgen. in disputat. theol. et philol. sylloge v. Theod. Hackspan.

L. Cappellus, „quaestio de locis parallelis Veteris et Novi Testamenti" als Appendix seiner „Critica sacra" etc. 1650. Er behandelt äusserst gründlich das Problem, ob Apostel und Evangelisten nach der Septuaginta, wie sie damals vorlag, citierten, oder von neuem aus dem Grundtext übersetzten, und danach die Septuaginta von Späteren zu ihrer heutigen Gestalt umgeändert wurde. Er entscheidet sich für die erstere Ansicht.

Surenhus מש̇נה פֵס sive βίβλος καταλλαγῆς, in quo secundum veterum theologorum Hebraeorum formulas allegandi et modos interpretandi conciliantur loca ex Vetere in Novo Testamento allegata, Amstelod. 1713. Diesem Werke ist von Böhl durchaus nicht die gebührende Würdigung zu Teil geworden. Die auch von Böhl geschätzte, noch zu besprechende Schrift von Kautzsch verdankt dem Amsterdamer Professor, der im rabbinischen Judentum so vorzüglich beschlagen war, manche gute Bemerkung. Mag es uns als unzureichende Verteidigung erscheinen, wenn Surenhus den Juden gegenüber in apologetischem Interesse behauptet a Novi Testamenti auctoribus nihil factum esse, quod ab ipsis veterum Hebraeorum theologis non factum fuerit prius: seine These kann darum doch Wahres enthalten und ihre Begründung unserm historischen Zweck dienlich sein.

[1] Vgl. Böhl l. l., bes. aber Toy, Quotations in the New Testament, New-York 1884.

[2] Vgl. Diestel l. l. p. 423, 439.

William Whiston, „an essay towards restoring the true text of the Old Testament and for vindicating the citations made thence in the New Test.", London 1722, der den alttestamentlichen Text nach den Citaten im N. T. restaurieren wollte. Gegen ihn schrieb J. G. Carpzov in den „Critica sacra" 1748. Von neueren Bearbeitungen sind hinzuzufügen: Die schon citierte Dissertation von G. Roepe: de veteris testamenti locorum in apostolorum libris allegatione 1827: Paulus scheint niemals aus dem hebr. Original zu citieren, sondern fast ausnahmslos nach LXX. Rm 9 17 (Ex 9 16), Rm 12 19 (Dt 32 35) stammen vielleicht aus einer andern griechischen Version. P. citiert fast immer aus dem Gedächtnis. Den Hauptbeweis dafür sieht R. in der häufigen Zusammenziehung mehrerer Stellen. — Der Verwendung nach unterscheidet er 1) Stellen, wo der ursprüngliche Sinn beibehalten wurde, 2) allegorische, 3) typische Auslegung.

— Ferner

Tholuck's gleichfalls schon erwähntes Buch „das Alte Testament im Neuen Testament", 1836 [1]. Er behandelt p. 33—40 „die Anwendung des Alten Testamentes bei Paulus". Dass der Apostel bisweilen auf den hebräischen Text zurückgeht, wird gelegentlich behauptet, nicht näher beleuchtet. Der Hauptnachdruck fällt auf die These, dass viele Anführungen als blosse Anlehnungen zu betrachten seien, und eigentliche Allegorie im Sinne Philo's sich bei Paulus nicht finde. Doch wird der Einfluss jüdischer Schulung nicht geleugnet. In einem Anhang wird dann p. 61—76 Gal 3 16 noch besonders behandelt.

Kautzsch, „De Veteris Testamenti locis a Paulo Apostolo allegatis", Leipziger Dissertation 1869. Die Arbeit beschränkt sich ganz auf das textkritische Problem.

K. zählt 84 alttestamentliche Citate bei Paulus, deren 34, die genau mit Septuaginta übereinstimmen, 36, die nur leicht von der alexandrinischen Uebersetzung abweichen, 10 mit grösserer Verschiedenheit, die sich jedoch auf gedächtnismässige Anführung zurückführen lässt, 2 mit noch stärkeren Abweichungen von der Septuaginta, wo aber dennoch eine Bekanntschaft mit deren Wortlaut erkennbar ist, und endlich 2 Stellen, die, von der Septuaginta ganz verschieden, mit dem hebräischen Texte übereinstimmen; beide stammen aus Job, dessen alexandrinische Uebersetzung nach K. dem Apostel wahrscheinlich unbekannt war. Sein Resultat ist daher, dass Paulus nusquam consulto [2] von der alexandrinischen Uebersetzung abweiche,

---

[1] Im Folgenden ist nach der 3. Aufl. Hamb. 1849 citiert.

[2] Dies besonders gegen Bleek, „Der Brief an die Ebräer" I 1828, p. 338—357, wo es heisst, dass „Paulus, obwohl er die alttestamentlichen Stellen in der Regel nach der Septuaginta benutzt

ihm nur hie und da neben derselben auch der masorethische Text vorgeschwebt habe [1], und dass die Citate sämmtlich aus dem Gedächtnis gegeben seien [2], vgl. l. l. p. 108 ff.

Henri Monnet, „Les citations de l'ancien testament dans les épitres de Saint Paul", Lausanner Dissertation 1874. Zur Charakterisirung drei seiner Thesen: VII Paul n'abandonne jamais à dessein (vgl. Kautzsch) la version d'Alexandrie. VI Paul quelquefois trouve simplement des analogies entre ce qu'il veut exprimer et les passages de l'ancien testament, et cette raison lui suffit pour citer ces derniers. V Paul voit dans l'ancien testament un évangile anticipé.

Böhl's schon citiertes Buch „die alttestamentlichen Citate im Neuen Testament", Wien 1878. Der Verfasser giebt diese Schrift als eine Fortsetzung seiner „Forschungen nach einer Volks-Bibel zur Zeit Jesu und deren Zusammenhang mit der Septuaginta-Uebersetzung", Wien 1873. Unter dieser „Volksbibel" versteht er ein schriftlich umlaufendes freies Targum der Septuaginta im syropalästinensischen Dialekt, dessen sich die neutestamentlichen Schriftsteller mit LXX promiscue bedienten. „Wunderbare Providenz die solche Hilfsmittel sich zu schaffen weiss, wie dieser textus receptus war!" — Uns scheint B.'s Hypothese zum mindesten ein ebenso gewagter „Sprung in's Schattenreich der Willkür" (sic!), wie die von ihm gerügte „Appellation an das irregehende Gedächtnis" der neutestamentlichen Autoren. — Auch Toy, „Quotations in the New Testament", New-York 1884, wurde bereits erwähnt. Für die paulinischen Citate aus dem Alten Testament kommt er zu dem Resultat, dass sie fast durchweg nach der LXX gegeben und nur an wenigen Stellen aus einem aramäischen Targum geflossen seien. In der Annahme dieser Zwischeninstanz be-

wiederholt bei seinen Anführungen auf das Hebräische zurückgeht, indem er entweder die Uebersetzung der Septuaginta danach verbessert oder ändert, oder ohne auf diese Uebersetzung Rücksicht zu nehmen, sich die hebräischen Worte selbst eigens übersetzt" etc.

[1] Vgl. für die Korinther-Briefe Heinrici's Kommentar II p. 594, A. 1: „Keins der a. t. Citate und keiner der Anklänge erfordern den hebr. Text als Grundlage." Steck, „Der Galaterbrief", Berlin 1888, p. 223 f. meint, der Verfasser der paulinischen Hauptbriefe brauche überhaupt kein Hebräisch verstanden zu haben.

[2] So schon Koppe, N. T. graece etc. 1788 ff., vol. I exc. I; Bleek l. l. p. 357.

[3] Er findet dies auch in der Συρικὴ βίβλος der Unterschrift im Buche Job wieder. Doch siehe unten p. 24 A. 2. Schon vor Böhl hatte Drusius l. l. gemeint pleraque testimonia Veteris Testamenti citata esse ex traductione chaldaica ea, qua tunc vulgo utebantur, vgl. Böhl l. l. p. XXI.

rührt er sich mit Böhl, unterscheidet sich aber von ihm doch wesentlich, indem er ausdrücklich (p. XIV ff.) nur von einer mündlich kursierenden aramäischen Version redet und die Existenz schriftlicher aramäischer Uebersetzungen in Ermangelung bestimmter data by the known Jewish fear of written vernacular translations as late as first century für unwahrscheinlich hält. Uebrigens tritt die Textfrage bei Toy zurück. Er giebt bei jeder Anführung je den originalen Text mit englischer Uebersetzung, nimmt aber das Hauptinteresse an dem Vergleich des ursprünglichen Gedankens mit der Anwendung, die er im Neuen Testament erfuhr. Aus dieser Summe von Beispielen gewisse hermeneutische Prinzipien zu entwickeln, nach denen die neutestamentlichen Schriftsteller verfuhren, hat er sich vorbehalten.

Wenden wir uns nunmehr dem Gegenstand dieser Untersuchung selbst zu, so ist es für die Behandlung desselben naturgemäss geboten, zunächst die Text-Frage zu erörtern, darauf die Anwendung in's Auge zu fassen, welche der Apostel von alttestamentlichen Sprüchen und Erzählungen macht, und endlich, als Facit aus beidem, ein Urteil zu versuchen über seine Ansicht vom Wert und von der Bedeutung der Schriften des alten Bundes[1].

I.

Dass Paulus sich einer griechischen Uebersetzung des Alten Testaments, der Septuaginta bediente, darf als feststehend gelten. Seit der Behandlung dieser Frage durch L. Cappellus hat man sich in immer weiteren Kreisen davon überzeugt, dass der Apostel sich in den meisten seiner Citate der Septuaginta anschloss und sich der Mühe einer eigenen Uebersetzung in's Griechische überhob. Vollends nach der gründlichen Untersuchung von Kautzsch wird keiner mehr daran zweifeln können, der sehen kann und will. So befremdlich es unserm modernen kritischen Sinn erscheinen mag, dass man, statt an das Original sich zu halten, lieber kritiklos der Version folgte[2], darf uns dies Verfahren doch

---

[1] Im Folgenden ist überall, wo nicht ausdrücklich anderes vermerkt wird, nach LXX citiert.

[2] So macht z. B. Paulus chronologische Ungenauigkeiten der Septuaginta mit. Zwischen der Verheissung an Abraham und der

in einer Zeit nicht wunder nehmen, da jene Version bereits
in weiten Kreisen das gleiche kanonische Ansehen besass
wie der hebräische Text selbst, sodass Philo schreiben konnte:
ἐάν τε Χαλδαῖοι τὴν ἑλληνικὴν γλῶτταν, ἐάν τε Ἕλληνες τὴν Χαλ-
δαίων ἀναδιδαχθῶσι καὶ ἀμφοτέραις ταῖς γραφαῖς ἐντύχωσι, τῇ τε
χαλδαϊκῇ καὶ τῇ ἑρμηνευθείσῃ, καθάπερ ἀδελφὰς μᾶλλον δὲ ὡς
μίαν καὶ τὴν αὐτὴν ἔν τε τοῖς πράγμασι καὶ τοῖς ὀνόμασι τεθή-
πασι καὶ προσκυνοῦσιν οὐχ ἑρμηνεῖς ἐκείνους ἀλλ' ἱεροφάντας καὶ
προφήτας προσαγορεύοντες, οἷς ἐξεγένετο συνδραμεῖν λογισμοῖς εἰλι-
κρινέσι τῷ Μωϋσέως καθαρωτάτῳ πνεύματι [1].

Paulus stellt solche Betrachtungen schon gar nicht mehr
an: ihm ist die Autorität der Uebersetzung etwas Selbstver-
ständliches. Es ist nicht nur das praktische Interesse, seinen
Lesern verständlich zu sein, was ihn diesen gegenüber die
Septuaginta gebrauchen liess, während er sich etwa für den
Privatbedarf des hebräischen Originals bediente: nein, er
lebt selbst ganz in und mit dem griechischen Text. Das
beweist auf's Deutlichste der Einfluss des Sprachidioms der
Septuaginta, den die paulinische Diktion erkennen lässt [2].

Promulgation des Gesetzes sollen nach Gal 3 17 430 Jahre liegen.
Nach Exod 12 40 (Masor.) umfasst dieser Zeitraum aber nur den
Aufenthalt Israels in Aegypten. Die Septuaginta (vgl. Samarit., Joseph.
Antiq. II 15 2 [alibi al.], Buch der Jubil. und Pseudo-Jonathan) rechnet
indessen den Aufenthalt der Patriarchen in Kanaan mit, wohl um den
Widerspruch mit Gen 15 13 zu beseitigen, wonach Israels Knechtschaft
in Aegypten 400 Jahre währen soll. Dabei ist aber der Zeitraum von
Abrahams Einwanderung in Kanaan bis zu Jakobs Auswanderung nach
Aegypten viel zu gering bemessen. Dillmann, Exodus etc.[2] 120 be-
rechnet denselben auf 215 Jahre. — Paulus folgt hier offenbar der
Septuaginta.

[1] De vita Mosis I. II M. II 140 R IV 193, vgl. Siegfried, Philo
v. Alex. als Ausleger des A. T.'s, 1875, p. 142 f.

[2] Vgl. dazu auch die kurzen Bemerkungen in den „Einleitungen"
Bleek-Mangold[4] p. 84, Weiss p. 163, Holtzmann[3] p. 208, Jülicher p. 31. Ein recht anschauliches Bild von dem mächtigen Einfluss der LXX auf das neutestamentliche Sprachidiom bietet Guille-
mard's „Hebraisms in the greek Testament . . . . with specimens of
the influence of the Septuagint on its character and construction"

Sehr viele aus dieser Quelle stammende Worte und Wendungen sind zwar so zu erklären, dass sie dem Apostel aus
einem kurz zuvor nach der Septuaginta gegebenen Citat oder
aus dessen originaler Nachbarschaft noch geläufig waren[1],
manche wohl auch so, dass sie ein erst noch zu gebendes
Citat gewissermassen anticipierten[2]. Doch zeigt sich auch

(Cambridge 1879). Dieses Buch enthält eine Edition des Matth.-Ev.'s,
in der durch Asterisken oder Anmerkungen auf Hebraismen oder aus
LXX stammendes Sprachgut aufmerksam gemacht wird, und einen
Abdruck der hier in Betracht kommenden Worte und Wendungen aus
den übrigen Büchern des Neuen Testaments in der im Texte gegebenen
Folge. Zu den vier grossen paulinischen Briefen vgl. p. 52—81. Besonders aber ist Winer-Schmiedel, Grammat.⁷ § 4, 2 zu vergleichen. — Speziell für die Kor.-Briefe kommen dann noch Heinu-
rici's Kommentare in Betracht.

[1] Im letzteren Falle könnte diese Beobachtung auch von Wichtig-
keit sein für die Frage, ob Paulus nach einer Vorlage oder gedächtnismässig citierte. Denn wenn ihm eine Stelle in ihrem weiteren Zusammenhang bis auf's Wort bekannt war, so liegt wohl die Annahme
nahe, dass er sie noch einmal nachgeschlagen hatte.

[2] Dann wird freilich die Entscheidung, ob das betreffende Wort
durch das folgende Citat veranlasst sei, oder vielmehr dieses selbst
herbeiführte, meist sehr schwierig sein. — Die bisher charakterisierten
Arten der sprachlichen Abhängigkeit von der griechischen Version
werden durch folgende Stellen belegt: Rm 10 13 vgl. 16 (εὐαγγελ.); V. 16
vgl. 17 (ἀκοή); 10 19 vgl. 11 11 14 (παραζηλοῦν); 11 3 4 vgl. 5 (ὑπελείφθην,
κατέλιπον, λεῖμμα); 15 12 vgl. 13 (ἐλπιοῦσιν — ἐλπίδος); auch Rm 4 3 b
vgl. 6 b 11 22 23 24 (πιστεύειν, λογίζεσθαι, δικαιοσύνη); 9 7 vgl. 8 (σπέρμα);
V. 15 vgl. 16 18 (ἐλεεῖν, σκληρύνειν aus dem Zusammenhang des vorhergehenden Citates). — I Kor 2 9 (εἴδεν) vgl. V. 12 ([ε]ἰδῶμεν); 2 16 (νοῦν
Χριστοῦ!); 9 9 vgl. 10 (ἀλοᾶν); 15 27 (ὑποτάττειν); 15 47 ff. (ἐκ γῆς χοϊκός,
χοϊκοί und εἰκών aus dem Zusammenhang der vorher citierten Stelle). —
II Kor 4 13 (πιστεύειν, λαλεῖν); 6 2 (καιρὸς [εὐπρος] δεκτος, ἡμέρα σωτηρίας);
6 17 vgl. 7 1 (ἀκάθαρτ. καθαρί.); 6 18 (λέγει κύριος παντοκράτωρ aus dem
Zusammenhang des vorhergehenden Citates); 9 9 vgl. 10 (δικαιοσύνη). —
Gal 3 8 vgl. 9 ([ἐν] εὐλογεῖσθαι, πιστ.); 4 30 vgl. 31 5 1 13 (παιδίσκη, ἐλευ-
θερ.). — Worte des Citates oder seines Zusammenhangs vor der Anführung finden sich Rm 7 7 (ἐπιθυμ.); 9 25 f. vgl. 24 (καλεῖν); 9 33 vgl. 32
(λίθος προσκόμματος); 10 13 vgl. 12 (ἐπικαλεῖσθαι); 12 19 (ἐκδικ.). — I Kor
1 19 f. vgl. 17 f. (μωρ. — σοφ.); 1 31 vgl. 29 (καυχᾶσθαι); 14 21 u. Kap. 12 13 14

eine ganze Fülle von Eigentümlichkeiten der Septuaginta
bei dem Apostel, die ohne jedesmalige Vermittlung durch
ein Citat in seinen Sprachgebrauch übergegangen waren.
Dahin gehören im Römerbrief: εὐλογητός (ὁ θεός), θησαυρίζειν,
περιτομή καρδίας, θεὸς ἀληθής, ἱστάνειν τι (= stabilio aliquid),
(θεὸς ὁ) ζωοποιῶν, δοῦναι δόξαν τῷ θεῷ, ἐκχέειν (von Affekten
Gottes), ματαιότης, ἐρευνᾶν (τὰς καρδίας), ἐκλεκτός, ἀνάθεμα,
εὐδοκία, ζῆλος (θεοῦ gen. obj.), ἀπαρχή-φύραμα, ἐνδύσασθαι (von
Eigenschaften[1]), σκάνδαλα τιθέναι, προςκόπτειν ἔν τινι, σημεῖα
καὶ τέρατα;
in den Korintherbriefen ausserdem:

I. δύναμις u. σοφία als Wechselbegriffe[2], ἐν φόβῳ καὶ ἐν
τρόμῳ, διδακτός c. gen. auct.[3], περικάθαρμα, βουλή καρδίας,
(δια)κρίνειν ἀνὰ μέσον, ἀνάγκη (= צוה), γινώσκειν (Gott Subj.
Mensch Obj.), εἰδωλ(ε)ιον[4], σκανδαλίζειν, εἰς τὸν αἰῶνα, δαιμόνια
(für Heidengötter)[5], εὐδοκεῖν ἐν, ποτίζειν c. gen. eines Abstrak-
tums (Paul.: εὐλογίας, LXX: σωτηρίου), πνεῦμα(τι) ποτίζειν,
τιμὴν περιτιθέναι;

II. πιστός (ὁ θεός), τίθεσθαι ἔν τινι τὸν λόγον τινός, πλατύ-
νειν τὴν καρδίαν, σπλάγχνα, εἰς κενόν, μωμάομαι, παρακαλεῖν τοὺς
ταπεινούς (von Gott), διδόναι ἐν καρδίᾳ;
im Galaterbrief endlich:

ἐκ (ἀπὸ) κοιλίας μητρός μου, ἰδού — ὅτι, δοξάζειν ἔν τινι,
πρόσωπον λαμβάνειν, ἐνεργεῖν τινι, κατ᾽ ὀφθαλμούς, ἐμοὶ μὴ γένοιτο
c. infin., εἰρήνη ἐπὶ τὸν Ἰσραήλ.

Mit Sicherheit freilich lässt es sich nicht entscheiden,
ob diese Ausdrücke direkt aus der Septuaginta stammen,

γλῶσσαι, λαλεῖν; vgl. auch Jüngst, Quellen d. Apg. 1895, p. 28 A. 1.).
    II Kor 9 8 vgl. 5 (εὐλογία); 10 17 vgl. 18 (καυχᾶσθαι); V. 12 (συνιέναι
aus dem Zusammenhang des Citates V. 17).
    [1] Zu ἐνδύσασθαι τὸν κύριον 'I. Χόν Rm 13 14 (auch Gal 3 27) vgl.
Winer-Schmiedel, Gramm.⁸ § 4 2a.
    [2] Vgl. Heinrici l. l. I 99 A. 1, II 596 f.
    [3] Vgl. Winer, Grammat. des neutestamentlichen Sprachidioms⁷,
p. 178.
    [4] Vgl. Wilke-Grimm Clavis N. T.³: apud profanos non exstat.
    [5] Vgl. Kamphausen, d. Lied Moses', 1862, p. 88f.

oder durch den Synagogenjargon oder zum Teil auch durch
den vulgären Sprachgebrauch vermittelt sind; jedenfalls sind
dann aber hier sehr viele derselben aus der Septuaginta
entlehnt und bezeugen nur um so mehr die allgemeine Verbreitung dieser Version[1].

Höchst bezeichnend für die innige Vertrautheit des
Apostels mit der alexandrinischen Uebersetzung sind diejenigen Stellen, wo bei blosser Anspielung auf alttestamentliche Erzählungen einzelne Ausdrücke die Erinnerung an den
Wortlaut der Septuaginta bezeugen, so

Rm 4 4 μισθός Gen 15 1; V. 5 θεχ. — ἀσεβ. Gen 18 23 25: V. 13
σπέρμα, κληρονομ. Gen 22 17 u. ö.; V. 19 ἑκατονταέτης Gen 17 17;
Rm 7 8 vgl. 10 f. ἐντολή vgl. Gen 2 16; V. 10 θάνατος Gen 2 17
3 1; V. 11 ἐξηπάτησε vgl. Gen 3 13. — Rm 8 32 φείδεσθαι υἱοῦ
vgl. Gen 22 12;

I Kor 10 6 c ἐπιθυμεῖν vgl. Num 11 4 Ps 77 29 105 14 29; V. 9 ἐκπει-
ράζειν vgl. Ps 77 18; V. 10 γογγύζειν vgl. Num. 14 2 27 29 Ps 105 25;
II Kor 3 3 πλάκες λίθιναι und γεγραμμένος vgl. Ex
31 18 32 15 f. Deuter 4 13; V. 7—11 18 4 46 δεδόξασται, δόξα vgl.
Ex 34 29 35; V. 13 τιθέναι κάλυμμα ἐπὶ τὸ πρόσωπον Exod.
34 33 35; V. 16 (vgl. 15) ἡνίκα δὲ ἐάν und περιαιρεῖσθαι τὸ κάλυμμα
vgl. Ex 34 34;

Gal 4 22 f. παιδίσκη vgl. Gen 16 1; V. 24 διαθήκη Gen 17 19 21.

Kann es somit als ausgemacht gelten, dass Paulus die
Septuaginta gründlich kannte, so ist es noch gänzlich unent-
schieden, in welcher Rezension sie ihm vorgelegen und ob
er sie ausschliesslich benutzte.

Bleek[2] sucht nachzuweisen, dass Paulus überwiegend
mit dem Codex Vaticanus (B) zusammentreffe, und meint,
dass er bei wörtlichen Citaten, „wo sich zwischen beiden
Handschriften Abweichungen finden, nicht leicht die eigen-

---

[1] Ueber ihre Benutzung bei Josephus vgl. Schürer, Gesch. d.
jüd. Volkes im Z.-A. J. Christi, 2 Bd. ²1886 u. 1890 I 62, ihren Gebrauch in den Synagogen und patristische Zeugnisse dafür ibid. II
544 u. A. 216, auch Wellhausen in Bleek's Einleitung⁵ 536.

[2] l. l. I p. 369—372, vgl. Kautzsch l. l. p. 35.

tümliche Lesart des Codex Alexandrinus (A) hat". Aber
es sind der Berührungen mit dieser letzteren Handschrift
denn doch einige mehr als Bleek anführt. Er vermerkt
nur folgende:

Rm 3 17 (Jes 59 8) ἔγνωσαν (B: οἴδασιν). Kautzsch l. l.
p. 55 f. notiert dazu, dass sich auch in einigen Handschriften
der Hexapla des Origenes[1] am Rande die Bemerkung
finde: ἀλλ.: οὐκ ἔγνωσαν, will aber dieses ἀλλ., das sonst
(ἄλλοι) stets eine abweichende Lesart andrer Handschriften
einführt, auf das paulinische Citat beziehn. Aus der Hexapla,
meint er dann weiter, sei jene Lesart auch in Cod. A
und XII (Claromontanus) eingedrungen[2]. Aber warum
sollte hier nicht ebenso an eine uralte Variante zu denken
sein, wie bei der folgenden Stelle, wo Kautzsch selbst eine
solche annimmt?

Rm 9 17 (Ex 9 16) τὴν δύναμίν μου (B: τὴν ἰσχύν μου).
Hier besteht ausser in δύναμις auch noch in der Anwendung
des Aktivs im Hauptsatze (Paul. ἐξήγειρα[3], A und B: διετηρήθης[4]) eine bedeutsame Abweichung von Cod. Vaticanus.
Kautzsch zieht wiederum die Hexapla heran und bemerkt,
dass auch diese in einigen Handschriften die Lesart δύναμιν
biete[5], und dass die arabischen Uebersetzungen (robur potes-
tatis) beide Worte, das eine wohl am Rande voraussetzten.
Auch für das Aktivum (διετήρησά σε statt διετηρήθης) biete

---

[1] Vgl. diese Fragmente bei Field, Origenis hexaplorum quae
supersunt, 2 tom., Oxon. 1871. Hier vgl. tom. II 518 A. 17.

[2] Doch hält er es auch für möglich, dass jene Randglosse nicht
von Origen. selbst, sondern erst aus späterer Zeit herrühre, und dann
thatsächlich die Lesart anderer Handschriften, jener beiden z. B. bezeichne. Dann wären diese also wohl direkt nach Paulus korrigiert.

[3] Das Verb ἐξήγειρα enthält vielleicht eine absichtliche Steigerung
und ist dann mit „ins Leben rufen" zu übersetzen, wie in den Evangelien ἐγείρω des öftern; vgl. auch Jud 2 16 18 3 9 15 für קום (gg.
Wilke-Grimm, vgl. Otto, Römerbr.: — ἐκήγειρα).

[4] διετηρήθης und ἰσχύν bietet auch der lucianische Text edit.
Lagarde, pars I. Gött. 1883.

[5] l. l. 74 f. Field l. l. I 96 A. 14.

die Hexapla Belege[1]. K. weist dann hier ausdrücklich die
Annahme einer Korrektur nach Paulus zurück, da nicht
abzusehen sei, warum man dann nicht auch gleich des Apostels
Worte εἰς αὐτὸ τοῦτο ἐξήγειρά σε herübernahm.

Rm 9 26 (Hos 1 10) ἐκεῖ vor κληθήσονται, das in B
(wie Masor.) fehlt. Ausserdem fehlt in A, wie bei Paulus
das καὶ αὐτοὶ vor υἱοί, das B bietet. Auch Kautzsch
(p. 38) sagt, dass Paulus hier einer alten von B abweichenden
Lesart gefolgt sei.

Rm 9 27 (Jes 10 22 f.), wo B αὐτῶν hinter κατάλειμμα
hat, dagegen das γάρ vor συντελῶν (A א) auslässt. Hier ist
noch zu bemerken, dass Paulus (ὁ) κύριος mit B gemein hat
(A א· ὁ θεός), wohingegen der Artikel, wenn derselbe bei
Paulus zu setzen ist, und die Stellung ποιήσει (ὁ) κύριος (ὁ θεός)
statt κύριος ποιήσει mehr mit A א übereinstimmen.

Rm 14 11 (Jes 45 23): καὶ πᾶσα γλῶσσα ἐξομολογήσεται
τῷ θεῷ. LXX A (vgl. auch Claromont., א i. m. u. einige
Minuskeln und Versionen): καὶ ἐξομολογήσεται πᾶσα γλῶσσα
τῷ θεῷ. Dagegen B: καὶ ὀμεῖται πᾶσα γλῶσσα τὸν θεόν (mehr
mit Masor. stimmend). Kautzsch (p. 86) giebt die Möglichkeit einer Aenderung in A nach Paulus zu, die dann
von hier aus auch in andre Handschriften eingedrungen
wäre, entscheidet sich aber dann unter Hinweis auf andre
Beispiele derart lieber dafür, dass Paulus auch hier ein von
B verschiedner Text vorgelegen habe[2].

Dies sind, meint Bleek, die einzigen Stellen, in denen
man eine Uebereinstimmung des Apostels mit A gegen B
wahrnimmt. Bleek zeigt sich sehr geneigt, dies Zusammen-

---

[1] ibid. 95 A. 13.

[2] Sehr bemerkenswert ist es noch, dass Justin Apol. I 52 mit
A und Paulus übereinstimmt. Bousset, „Die Evangeliencitate Justin's
des Märtyrers", Gött. 1891, p. 42, urteilt darüber: „Höchst unwahrscheinlich ist es, dass Justin den Text des Paulus hätte so im Gedächtnis haben sollen, dass er den Wortlaut seines alttestamentlichen
Citates beeinflusst hätte. Entweder las also Justin schon in seinem
alttestamentlichen Text so wie er citiert, oder wir haben hier wieder
die Korrektur eines Abschreibers".

treffen durch blossen Zufall oder durch spätere Ausgleichung
des Cod. A mit Paulus zu erklären. Denn da die genannten
Anführungen „ziemlich frei" gegeben seien, so könne „nicht
mit einiger Sicherheit gefolgert werden, ob Paulus in seiner
Handschrift der LXX gerade so gelesen habe." Abgesehen
davon, dass mindestens Rm 9 ₂₆ ein wörtliches Citat ist,
erkannten wir auch in einigen der vermerkten Abweichungen
von B durch das Zeugnis der Hexapla alte Varianten.
Sonderbarer Zufall, wenn Paulus ohne Kenntnis dieser Lesarten mehrmals mit ihnen gegen B übereinstimmte! — Wir
sahen bereits, dass Kautzsch anders urteilt. Er weist
(p. 86) auf eine Reihe weiterer Stellen hin, wo sich die
paulinische Citation von B emancipiert.

Rm 11 ₃₄ (Jes 40 ₁₃) hat Paulus mit A u. Clarom.
σύμβουλος αὐτοῦ gegen B αὐτοῦ σύμβουλος.

I Kor 2 ₁₆ aus derselben alttestamentlichen Stelle mit
A (u. ein. Minuskeln) συμβιβάσει gg. א B: συμβιβᾶ.

Rm 15 ₁₁ (Ps 116 ₁) liest der Apostel: ἐπαινεσάτωσαν [1]
mit A א (αἰνεσάτωσαν) gegen Sixtina: ἐπαινέσατε; ferner

II Kor 6 ₁₇ (Jes 52 ₁₁) ἅπτεσθε mit A א u. Clarom.
gegen B: ἅψησθε;

II Kor 8 ₁₅ (Ex 16 ₁₈) mit A** und Philo (qu. rer. div.
her. M. I 499 R. III 42): ὀλίγον gegen ἔλαττον B; und endlich

II Kor 9 ₇ (Prov 22 ₈) ἀγαπᾷ mit einigen wichtigen
Minuskeln, auch einigen Handschriften der Hexapla [2] gegen
B A א: εὐλογεῖ.

Ausserdem sei noch bemerkt, dass in

Rm 8 ₃₆ (Ps 43 ₂₃) Paulus mit A א ἕνεκεν hat gegen
B: ἕνεκα;

---

[1] So im N. T. nach Tischend. VIII maj. א A B C D E gg. ἐπαινέσατε
F G u. a. Mit Unrecht also führt Bleek l. l. p. 370 diese Stelle
für Uebereinstimmung des Paulus mit LXX B an. Dieser Cod. hat
hier überhaupt eine Lücke (vgl. Kautzsch). Es kann sich also nur
um die Sixtina handeln.

[2] Vgl. Field l. l. II p. 356 A. 12.

Wiederum gg. d. Zeugnis der besten Handschriften will Bleek
(p. 370 A. 188) im N. T. ἕνεκα lesen.

Rm 9 33 vgl. 10 11 (Jes 28 16) ἐπ'αὐτῷ nach ὁ πιστεύων
mit A א nonnull. hexapl. gegen B (vgl. Masor.); und
Rm 10 20 (Jes 65 1) mit A א ἐγενόμην gg. edit. Rom.:
ἐγενήθην.
Auch in
Rm 11 8 (Deut 29 4) erinnert das τοῦ vor μὴ βλέπειν
und μὴ ἀκούειν mehr an A als an B. Ferner liest der
Apostel
I Kor 5 13 (Deut 17 7) mit A u. a. 2. P. plur. gg.
B: singul.;
II Kor 13 1 (Deut 19 15) mit A, Lucian. u. a. σταθήσεται
gg. στήσεται des Cod. B; und
Gal 4 30 (Gen 21 10) κληρονομήσει.[1] mit A gg. sehr
gewichtige Zeugen für κληρονομήσῃ, sowie ohne ταύτης wie A.
Die Uebereinstimmung des Paulus mit Cod. A der LXX
soll jedoch nicht überschätzt werden. Es lassen sich auch
Stellen verzeichnen, wo uns eine nähere Verwandtschaft mit
Cod. B entgegentritt. Unter denen freilich, die Bleek
(l. l. 370 f.) unter diesem Gesichtspunkt anführt, leisten angesichts des neuen kritischen Apparates die wenigsten, was
sie sollen. — Aber es giebt doch einzelne Fälle der Uebereinstimmung des Apostels mit B; das soll nicht geleugnet
werden (vgl. Rm 9 25 = Hos 2 1 23; Rm 12 20 f. = Prov 25 21 f.;
Rm 13 9 a = Deut 5 17). — Die vorstehende Untersuchung
sollte zunächst nur der Behauptung jenes Forschers das
Gegengewicht halten, dass sich bei dem Apostel ein fast konstantes Zusammentreffen mit dem Cod. Vaticanus finde[2].

---

[1] So Tisch., W.-H. mit B א D E.

[2] Staerk hat es in dankenswerter Weise unternommen, die alttestamentlichen Citate im Neuen Testament „durch die einzelnen
Stadien der Geschichte des nt. Textes zu verfolgen und ihre Bedeutung für die LXX-Kritik zu prüfen." Bis jetzt sind nur die Citate aus
den vier Evangelien untersucht (vgl. Z. f. w. Th. 1892, p. 464ff., 1893
p. 70ff.). Für diese stellt nun Staerk (l. l. 1893, p. 97) die These
auf, „dass in den nt. Textzeugen die Lesarten von B fast vollkomnen
zurücktreten, gegen die beinahe durchgängig befolgten Varianten von
A, der Lucian'schen Recension, F (= Ambrosianus) und S."

Aber man hat behauptet, die Uebereinstimmungen des
Paulus mit Codex Alexandrinus der Septuaginta seien
daraus zu erklären, dass diese Handschrift nach den Citaten
im Neuen Testament geändert sei. So urteilt z. B. ausdrücklich Delitzsch zu Jes 45 23 [1]: hier sei, wie auch sonst,
LXX A nach dem paulinischen Text korrigiert. Diese Ansicht gewinnt sehr an Wahrscheinlichkeit, wenn man mit
Kautzsch (p. 68 f. A. 2) u. a. annimmt, dass das von ihm
für ein Jobcitat gehaltene Wort Rm 11 35: ἢ τίς προέδωκεν
αὐτῷ καὶ ἀνταποδοθήσεται αὐτῷ, welches sich in den codd.
A und א der Septuaginta am Schlusse von Jes 40 14 findet,
also nach dem Verse, dem der Apostel seine unmittelbar
vorhergehende Anführung (V 31) entnahm, hierhin aus Paulus
eingedrungen ist. Indessen absolut sicher ist das doch nicht.
Die gegenteilige Ansicht ist z. B. durch Ewald [2] vertreten,
wenn er meint, Paulus habe jenes Wort in seinem Septuagintatext gleich hinter dem vorhergehenden Citat Jes 40 13
gelesen [3]. Immerhin bleibt es verdächtig, dass in der Hexapla
keine Spur davon zu finden ist. — Aber es verdient her-
vorgehoben zu werden, dass der Cod. A jene offenbare Inter-

---

[1] Vgl. den Kommentar über d. Buch Jesaia, Leipz. 1866, p. 453.
In der 4. Aufl. (1889) unterbleibt die Bemerkung, vielleicht mit Rücksicht auf das erwähnte Urteil von Kautzsch (vgl. oben p. 15).

[2] Auch Steck, d. Gal.-Br. etc., 1888, p. 215, scheint dem nicht
abgeneigt.

[3] Das ist nicht nötig anzunehmen; er konnte es ebenso gut nach
V. 14 lesen. Denn 1 Kor 2 16 lehrt, dass der Apostel Anfang und Ende
eines Verses anführen, dazwischen Liegendes aber auslassen konnte.
Warum sollte er da nicht auch V. 13 und dann mit Uebergehung des
Anfangs von V. 14 nur dessen Schluss gegeben haben? — Wohin derartige Freiheit in der Citation führen konnte, zeigt Justin (Apol. I,
41 fin.), der bei Anführung von Ps 95 hinter ὁ κύριος ἐβασίλευσε (V. 10)
ἀπὸ τοῦ ξύλου liest, wobei das ξύλον aus V. 12 und das ἀπό aus V. 13
(A) stammt. Uebrigens ist der Zusatz wohl schon Barn 8 5 voraus-
gesetzt. Tryph 73 rechnet ihn Justin zu den von den Juden ver-
stümmelten Stellen. Später finden sich die Worte auch bei Tertullian,
Ambrosius, Augustin, Leo, Gregor I. und in den latein. Bibeln, vgl.
Harnack, Litt. 818 850.

polation nach Ps 13 3 (vgl. Rm 3 13—18), die wir in unserm
heutigen Septuagintatext lesen, nicht bietet [1].

Und dass jedenfalls eine ganze Reihe von Uebereinstimmungen des Apostels mit Cod. A thatsächlich auf alte
Varianten zurückzuführen sind, ergab sich uns bereits aus
deren anderweitiger Bezeugung.

Die paulinischen Citate aus der LXX lassen sich somit
nicht auf eine der uns erhaltenen Textgestalten derselben
zurückführen. — Aber es ist wohl überhaupt verkehrt, bei
Paulus eine einheitliche Recension der LXX zu erwarten.
Die Bücher derselben kursierten doch wahrscheinlich gesondert. Für die hebräischen Schriften steht das fest (vgl.
Lc 4 17 : βιβλίον τοῦ προφήτου Ἡσαΐου). Noch bis ins 2. Jahrhundert hinein haben sich die jüdischen Gelehrten — nach
Baba batra — darüber gestritten, ob es erlaubt sei, mehrere
Bücher in eine Rolle oder in einen Band zu schreiben [2]. —
Und dass es sich mit den Büchern der LXX ebenso ver-
hielt, ist mindestens wahrscheinlich. Entstanden sind sie
jedenfalls einzeln, wie schon ihr verschiedener Charakter
beweist. „Die meisten sind gewiss als Privatversuche zu
betrachten, denen erst die Verhältnisse autoritative Bedeutung verliehen", sagt Buhl (l. l. p. 118) und vergleicht dazu
den Prolog des Siraciden. — Eine mit kanonischem Ansehn
bekleidete Sammlung alexandrinischer Uebersetzungen der
heiligen Schriften ist aber auch für die Zeit des Apostels
noch nicht nachweisbar (Buhl l. l. p. 43 f.). So werden
denn auch damals noch die Bücher einzeln im Umlauf ge-

---

[1] Die Verse sind zusammengesetzt aus Ps 5 10 c 139 4 b 9 28 Jes
59 7 8 Ps 35 2. Nach Swete (the old testament in greek, Cambr. 1891)
sind die Verse in Ps 13 3 durch B (!) U (= fragmenta papyracca
Londin.) u. R (= Psalt. gr. lat. Veron.) vertreten. — Schon Justin
hat vielleicht den so interpolierten Text der LXX vor sich gehabt
vgl. Bousset l. l. 42. Origenes (vgl. Field II 105) kennzeichnet den
Passus durch ∶ als nur in LXX, nicht in Masor. vorhanden; doch
führt ihn die Syro-hexapl. ohne Unterscheidungsmal an.

[2] Vgl. Buhl, Kanon und Text des Alten Testaments, 1891,
p. 37 f.

wesen sein (vgl. Act 8 28) und ihre besonderen Schicksale
gehabt haben. Ist dem so, dann wird man bei der Untersuchung, in welcher Gestalt die LXX dem Apostel vorgelegen
habe, zunächst nicht die Gesamtheit seiner alttestamentlichen
Anführungen, sondern die Citate aus einem jeden Buche
für sich zu betrachten haben. Wenden wir dies Verfahren
z. B. auf die Jesaia-Citate des Paulus an, so ergiebt sich
die überraschende Thatsache, dass unter den 23 Anführungen aus diesem Propheten sieben mit A gegen B lesen, wohingegen sich kaum eine Stelle wird aufweisen lassen, in der
das entgegengesetzte Verhältnis statthätte. Somit lag dem
Apostel der Jesaia in einer Recension vor, die der des
Alexandrinus verwandt war. — Bei den übrigen Büchern
des Alten Testaments ist die Sache nicht so klar.

Für den Pentateuch ist es charakteristisch, dass sich
bei Paulus wiederholt Lesarten finden, die die Recensionen
von A und B ausschliessen; so zwei Stellen innerhalb der drei
Citate aus dem Leviticus[1], die mit dem Cod. F (Ambrosianus) übereinstimmen, und eine aus dem Deuteronomium[2].
Mit A gegen B liest Paulus Rm 9 17 (Ex 9 16); II Kor 8 15
(Ex 16 18); I Kor 5 13 b (Deut 17 7); II Kor 13 1 (Deut 19 15);
Rm 11 8 (Deut 29 1). Nur Rm 13 9 (Deut 5 17 ff.) stimmt der
Apostel mit B gegen A in der Reihenfolge der Satzglieder
überein. Gal 4 30 (Gen 21 10) berührt er sich unter den
erhaltenen Textgestalten der LXX am meisten mit A. —
Basil γ 19 10 18 bietet der Apostel Rm 11 3 f. in einer Ge-
stalt, die mit einigen Minuskeln und Lucian's Recension
(Lagarde)[3] gegen die übrigen Handschriften übereinstimmt.

[1] Rm 10 5. Gal 3 12 (Lev 18 5), wo Paulus mit F (nach Swete)
hinter ποιήσας noch αὐτά liest gegen A und B. Und II Kor 6 16
(Lev 26 11) kann das ὅτι ἐνοικήσω ἐν αὐτοῖς nur aus der Lesart καὶ
θήσω τὴν σκηνήν μου ἐν ὑμῖν hervorgegangen sein, die (nach Swete)
wiederum F bietet, während A und B (auch nach Nestle) τὴν δια-
θήκην μου haben.

[2] Gal 3 10 (Deut 27 26) schliesst das ἅς des Paulus die Recension
von A (ὅστις) und der Artikel τοῦ vor ποιῆσαι B aus, das A und F bieten.

[3] ὑπελείφθην und ἔκαμψαν gegen ὑπολέλειμμαι und ὤκλασαν.

— Aus dem einen Jeremia-Citat (I Kor 1 31 II 10 17 vgl. Jerem 9 23), das der Apostel sehr frei wiedergiebt, lässt sich für die Recension seines Textes nichts schliessen. — Für die XII kleinen Propheten bietet sich uns eine Stelle (Rm 9 26 vgl. Hos 1 10), wo der Apostel mit A gegen B übereinstimmt, wohingegen er in dem unmittelbar vorhergehenden Citat (Rm 9 25 vgl. Hos 2 1 23) der Recension von B näher steht als der von A. — Ebenso wenig lässt sich für den Psalter ein konstantes Verhältnis des paulinischen Textes zu unsern Codices nachweisen[1]. — Von den wenigen Anführungen aus den Proverbien folgt eine (Rm 12 20 f. vgl. Prov 25 21 f.) deutlich der Recension von B[2]. Ueber Job später.

Handelte es sich im Bisherigen um die Frage, in welcher Gestalt die alexandrinische Uebersetzung dem Apostel vorlag, so berührten wir durch Erwähnung der Stelle Rm 11 35 doch bereits eine andre, das Problem nämlich, ob er jene Version ausschliesslich benutzte.

Es finden sich mehrere unter seinen Citaten, die von der Septuaginta so stark abweichen, dass auch bei der Annahme gedächtnismässiger Anführung eine Herleitung derselben aus jener Quelle unmöglich erscheint. Ueber deren Ursprung sind nun die verschiedensten Vermutungen laut geworden. Die landläufige, bereits durch Hieronymus vertretene Ansicht ist die: eos (scil. apostolos et evangelistas), ubi Septuaginta ab Hebraico discrepant, Hebraeum sensum suis expressisse sermonibus[3]. — Aber der abwechselnde Gebrauch von Uebersetzung und Urtext ist doch schon wegen

[1] Die Uebereinstimmung Rm 8 36 (vgl. Ps 43 23) mit A u. a. (ἕνεκεν) gegen B (ἕνεκα) ist doch sehr unerheblich. Zu Rm 15 11 (Ps 116 1) lässt sich leider B nicht vergleichen, da er hier eine Lücke hat.

[2] Paulus mit B ψώμιζε gg. A א: τρέφε.

[3] Hieronymus in der epistula ad Aglasiam zu Mtth 11 10 (bei Böhl l. l. p. XX), vgl. Bleek l. l. I p. 338—357, bes. 351 356, auch Einleit.[4] p. 658 f., u. a., auch wieder Otto, Kommentar zu Rm. — Gg. Bengel: d. Apostel citiere die bei den Hellenisten sehr bekannten Stellen nach LXX, die weniger gebräuchlichen nach Masor. vgl. Kautzsch p. 70 A. 2.

der Umständlichkeit dieses Verfahrens sehr unwahrscheinlich.
Paulus hat Rm 11 3 frei, aber doch deutlich genug Basil
γ 19 10b nach LXX citiert. Gleich darauf V. 4 (vgl. Basil γ
19 18) weicht er nicht unerheblich von LXX ab und stimmt
in dem Gebrauch der 1. Person (κατέλιπον ἐμαυτῷ) im Gegensatz zur LXX (καταλείψεις) mit dem masor. Text (הִשְׁאַרְתִּי)
überein. Deshalb aber an Heranziehung des Originals von
seiten des Apostels zu denken, scheint doch bei der unmittelbar vorhergehenden Benutzung der LXX nicht geraten, zumal die ἄνδρες bei Paulus wohl in der Uebersetzung, nicht
aber im Grundtext zu finden sind, und die 1. Person κατέλιπον
beim Apostel sich schon daraus erklärt, dass es ihm eben
auf den göttlichen Ratschluss ankommt. So wird denn
auch hier die Benutzung der alexandrinischen Uebersetzung
anzunehmen sein. — Nach Kautzsch ist der Gebrauch
dieser Version eine Regel, die eigentlich nur in zwei Fällen
keine Anwendung findet. Er hat sich mit dieser gegen die
gewöhnliche Meinung Front machenden These bereits viele
Anhänger erworben [1]. Es ist indessen nicht ganz richtig,
wenn z. B. König [2] mit Berufung auf ihn behauptet, dass
Paulus, während er alle übrigen Citate genau oder frei nach
Septuaginta gebe, sich in den beiden Jobstellen Rm 11 35
u. 1 Kor 3 19 an das Hebräische halte. Kautzsch bemerkt
vielmehr p. 70: ceterum facere non possum, quin Pauli alle-
gationem utramque ex alia quadam Jobi versione repetitam
esse suspicer. Eine vergleichende Zusammenstellung der
verschiedenen bei diesen Stellen in Betracht kommenden
Texte wird am schnellsten in das Problem einführen.

1) Rm 11 35	Job 41 3	LXX
ἢ τίς προέδωκεν αὐτῷ	מִי	ἢ τίς ἀντιστήσεταί μοι
καὶ ἀνταποδοθήσεται αὐτῷ	אֲשַׁלֵּם	καὶ ὑπομενεῖ
2) 1 Kor 3 19	Job 5 13	LXX
ὁ δρασσόμενος τοὺς σο-	לֹכֵד	ὁ καταλαμβάνων σοφοὺς
φοὺς ἐν τῇ πανουργίᾳ αὐτῶν	חֲכָמִים בְּעָרְמָם	ἐν τῇ φρονήσει (A: αὐτῶν).

[1] Vgl. z. B. Holtzmann, Einleit.³ p. 208. Dagegen Weiss,
bibl. Th.⁴ p. 273.

[2] Einleit. i. d. A. T., Bonn 1893, p. 107.

In beiden Fällen liegt die Abweichung der paulinischen Anführung von der alexandrinischen Uebersetzung klar zu Tage, ohne dass man einen Grund gewahren könnte, warum der Apostel gerade hier seine sonstige Vorlage verlässt. Aber mit dem hebräischen Texte stimmt seine Citation auch nicht völlig überein: so erinnert ἢ τίς doch eher an die Septuaginta, und ἀνταποδοθήσεται ist nach Genus und Person von אישם verschieden. Auch lag es nicht eben nahe לבד mit ὁράσεσθαι wiederzugeben, womit die Septuaginta den kultischen Terminus des Priesterkodex קרב übersetzt[1]. Das alles führt uns mit Kautzsch zu der Vermutung, dass Paulus auch hier nicht auf das hebräische Original rekurriert, sondern sich einer Uebersetzung bedient. Aber warum dann nicht, wie sonst, der Septuaginta? wird man fragen. — Nun — vielleicht deshalb, weil er ihre Version des Job nicht kannte[2]. Leider ist uns die der andern griechischen Uebersetzer zu keiner der beiden in Frage stehenden Stellen

---

[1] Vgl. Schleusner, Novus thesaurus, Lips. 1820, Hatch-Redpath, Concordance to the Septuag., Oxf. 1893. Im Neuen Testament ist das Wort Hapaxlegomenon.

[2] Bei Philo findet sie sich vielleicht de nom. mut. M. I 585 R III 166 (vgl. Job 14 4 f.; doch hat Philo ἡ ζωή, LXX ὁ βίος αὐτοῦ) benutzt. Ἀποβαίνεσθαι εἰς σωτηρίαν Phil 1 19 ist (vgl. Wettstein) keineswegs ein so seltener Ausdruck, dass man darin mit Kautzsch einen Anklang an LXX Job 13 16 finden müsste. Uebrigens ist auch zu bedenken, dass die wohl infolge mangelhaften Verständnisses des schweren Buches äusserst lückenhafte Jobübersetzung der Septuaginta aus der Version des Theodotion ergänzt wurde (vgl. die Einleitungen von Michaelis, Bleek-Wellhausen, Cornill, König). Also stammt manches, was wir heute im Job der LXX lesen, aus jener Quelle. — Vielleicht kann man, wozu sich Kautzsch nicht entschliessen konnte, doch sagen, dass zur Zeit des Apostels die Jobversion der Septuaginta noch nicht vorhanden war. Erst bei I Clem tritt Job stärker hervor und die Citate stimmen hier auch meist mit unserm Sept.-Text überein, ausgen. 20 7 = Job 38 11 (vgl. Sym.); 26 3 = Job 19 26. Hier sei noch bemerkt, dass Ezechiel bei Paulus und Philo nicht vorkommt; das hängt jedenfalls mit dem Streit über die Kanonicität dieses Buches zusammen, vgl. Wildeboer, Entsteh. des ATl. Kanons, Gotha 1891, p. 62 ff.

erhalten. Aber wäre es nur Zufall, dass Paulus, genau wie
er I Kor 3 19 πανουργία setzt, wo die Septuaginta das hebräische ערום mit φρόνησις wiedergiebt, auch II Kor 11 3 von
der πανουργία der Schlange spricht, die Eva verführte, und
in diesem Ausdruck mit Aquila, Symmachus und Theodotion
gegen die Septuaginta übereinstimmt? Die alexandrinische
Version übersetzt das hebräische ערום mit φρόνιμος [1], während
jene drei andern πανοῦργος haben. Somit dürften diese Uebersetzer auch in der Jobstelle wie Paulus πανουργία geboten
haben. — Das allein würde nun freilich ein zu schwacher
Unterbau sein für die Hypothese, dass Paulus ausser der
Septuaginta noch andre griechische Versionen gekannt habe [2].
Aber diese Vermutung hat tiefere und sicherere Gründe.
Kautzsch notiert ausser jenen Jobcitaten noch einige
andre Stellen, die von der Septuaginta weiter abweichen.
Sein Urteil darüber lautet dahin, dass trotz unleugbarer
Verwandtschaft mit dem hebräischen Text diese Citate gleich-
wohl Bekanntschaft mit dem Wortlaut der alexandrinischen
Uebersetzung voraussetzen. Bei einigen derselben sind wir
nun aber in der Lage, die andern griechischen Uebersetzun-
gen vergleichen zu können. Wir stellen die hierher gehörigen
Texte wiederum nebeneinander und beginnen

bei I Kor 15 51	Jes 25 8	LXX
κατεπόθη, ὁ θάνα-τος εἰς νῖκος	בלע המות [3] לנצח	κατέπιεν ὁ θάνατος ἰσχύσας
Aquil	Sym.	Theodot.
καταποντίσαι τὸν θάνατον εἰς νῖκος	καταποθῆναι ποιή-σει τὸν θάνατον εἰς τέλος	κατεπόθη ὁ θάνατος εἰς νῖκος.

Woher diese wörtliche Uebereinstimmung des Apostels

[1] Vgl. auch Mtth 10 16 φρόνιμοι ὡς οἱ ὄφεις.

[2] Zumal man die beiden besprochenen Stellen allenfalls auch auf ein
Targum zu Job zurückführen könnte, dessen ausdrücklich aus der Zeit vor
der Tempelzerstörung Erwähnung geschieht, vgl. Zunz bei Schürer l. l.
I² p. 118; Berliner, Targ. d. Onk. II 1884, 89 ff. Cornill l. l.² p. 307.

[3] Nach der paulin. Fassung wurde offenbar בלע gelesen.

mit Theodotion? Kautzsch (p. 104 A. 1) meint nach
Zurückweisung der Ansicht, dass Theodotion in seiner Uebersetzung des öftern vom Neuen Testament abhänge[1], des
Apostels Worte seien als eine abweichende Lesart in die
Hexapla eingetragen und dann von einem Schreiber irrtümlich
als eine Uebersetzung des Theodotion verstanden worden.
Aber es ist sehr beachtenswert, dass die Fortsetzung jenes
alttestamentlichen Wortes in Apok 21 4 auch nicht nach
der Septuaginta gegeben wird, sondern sich viel inniger mit
Symmachus berührt[2], der einer Notiz des Procopius zu-
folge[3] hier mit Aquila und Theodotion übereinstimmte. Bei
der Apokal. Joh. hat man sich denn auch, ebenso wie bei
Hermas, der Beobachtung wiederholter Uebereinstimmung
mit Theodotion nicht verschliessen können und die Möglichkeit ausgesprochen, dass diese Version hier thatsächlich
bereits benutzt sei[4]. — Wird man nun aber auch berech-
tigtes Bedenken tragen, Theodotion so früh anzusetzen, dass

---

[1] Die einzig auffallende Stelle Theod. Zach 12 10 vgl. Joh 19 37
Apc 1 7: ἐξεκέντησαν gegen LXX: κατωρχήσαντο kann jene Ansicht
nicht unterstützen, da auch Aquil. und Sym. ἐξεκέντησαν lesen. —
Hatch (Essays in biblical Greek, Oxf. 1889, p. 213 zu Justin Apol. I
52 12) meint, dass auch die LXX ursprünglich ἐξεκέντησαν gelesen habe,
das dann jüdischerseits in κατωρχήσαντο geändert worden sei. Dann
wäre aber wiederum nicht recht einzusehen, warum das anstössige
Wort nicht auch in Aquil. Sym. und Theod. vermieden wurde. — Den
neutestamentlichen Stellen wird wohl eine von LXX verschiedene
Uebersetzung zu Grunde liegen, vgl. auch Schürer, ThLZ. 1886 c. 6.
[2] Vgl. ἐξαλείψει . . . . πᾶν δάκρυον, LXX: ἀφεῖλε.
[3] Field l. l. II 472 A. 13.
[4] Salmon, Harnack; bei Hermas: Hort, Harnack, vgl.
ThLZ. 1885 c. 146 267. — Ibid. 341 fügt Overbeck die Bemerkung
hinzu, dass das ἔφραξαν στόματα λεόντων Ebr 11 33 aus dem sog. theodo-
tianischen Text in Dan 6 22 stammt. Harnack fragt c. 267: „War
Theodotion etwa ein Zeitgenosse Jesu oder Paulus', oder gab es vor
seiner Uebersetzung eine uns unbekannte, ihr verwandte?" — Schürer
l. l. II p. 709: vielleicht ist Theodotion älter als Aquila. Vgl. dazu
Iren. III 21 1 (bei Euseb. V 8 10): ὡς Θεοδοτίων ἡρμήνευσαν ὁ Ἐφέ-
σιος καὶ Ἀκύλας ὁ Ποντικός, ἀμφότεροι Ἰουδαῖοι προσήλυτοι (beachte die
Reihenfolge!). Vgl. auch Steck l. l. p. 218 ff.

Paulus ihn könnte gekannt haben, so steht doch der Annahme nichts im Wege, dass, wie zu Beginn des zweiten
Jahrhunderts, auch bereits vorher neben der Septuaginta
noch andre griechische Versionen cirkulierten. Dass dieselben mit den späteren in vielen Stellen übereinstimm-
ten, wäre dann eben aus der Vergleichung der letzteren
mit den Pauluscitaten zu schliessen und sehr einfach so
zu erklären, dass sie jenen jüngeren Uebersetzungen als
Vorlage dienten, wie man denn ein derartiges Verhältnis
bei Aquila, Symmachus und Theodotion unter einander
thatsächlich anzunehmen genötigt ist. Jedenfalls scheint
mir die Hypothese älterer griechischer Versionen dem tex-
tualischen Thatbestand mehr gerecht zu werden als Böhl's
schon erwähnte Konstruktion einer „Volksbibel". Wie will
denn Böhl bei seiner Annahme die unleugbare wiederholte
Uebereinstimmung des Paulus mit jenen drei jüngeren Uebersetzern erklären [1]? — Sonderbar, wenn beide Teile bei beiderseits selbständiger Retrovertierung der aramäischen Septuaginta zu wiederholten Malen zufällig im Ausdruck zusammentrafen! Oder dürfte man etwa glauben, dass jüdische [2]
Uebersetzer so vertraut mit der christlichen Litteratur gewesen
wären, dass sie sich bei ihrer Arbeit durch den Wortlaut
der paulinischen Version hätten beeinflussen lassen? — Doch
man möchte mir entgegenhalten, die Uebereinstimmung mit
Theodotion an unsrer Stelle sei zu wenig verbürgt, als dass
man darauf Hypothesen bauen dürfe. Freilich hätte Theo-

---

[1] Bei der vorliegenden Stelle entschlüpft er durch die Seiten-
pforte, die ihm Kautzsch durch die Vermutung geöffnet hat, dass in
der Hexapla der paulinische Text nur irrtümlich als Theodotions
Uebersetzung bezeichnet sei. Doch spricht gegen diese Hypothese,
wie wir sahen und sehen werden, vor allem, dass dies nicht der einzige
Fall einer Uebereinstimmung neutestam. Autoren mit jüngeren griechischen Uebersetzern ist. — Böhl hat mit seiner „ad hoc geschaffenen
Zwischeninstanz" bisher denn auch keinen Glauben gefunden, vgl.
Schürer, ThLZ. 1878, p. 438 f., Wildeboer l. l. p. 50 f., König
l. l. p. 118 A. 1.

[2] Vgl. die oben p. 25 A. 4 citierte Irenäus-Stelle.

dotion nach der Syro-Hexapla[1] gelesen: κατέπιεν ὁ θάνατος εἰς νῖκος, also ähnlich wie Aquila. Aber selbst wenn dem so wäre — was ja ebenso wenig feststeht wie das Gegenteil —, so bliebe immerhin noch das passivische καταποθῆναι des Symmachus und das εἰς νῖκος des Aquila und Theodotion bei der Vergleichung mit dem paulinischen Citate höchst auffällig, und mir scheinen thatsächlich diese vier Zeugen auf eine gemeinschaftliche griechische Quelle hinzudeuten, in welcher sich wie bei Paulus beides: Passivum und εἰς νῖκος fand[2].

Doch ich schulde dem Leser nun weitere Proben.

Zu dem Citat aus Jes 28 11 in I Kor 14 21 können wir freilich keine der jüngeren griechischen Versionen des Alten Testaments mehr vergleichen. Doch bietet sich uns hier ein sehr wichtiges Zeugnis des Origenes, der Φιλοκαλία c. IX[3] darauf hinweist, dass im Neuen Testament auch die alttestamentliche Geschichte und die Psalmen mit νόμος benannt würden, und dann fortfährt: ἀλλὰ καὶ ἡ τοῦ Ἡσαΐου προφητεία νόμος παρὰ τῷ Ἀποστόλῳ λέγεται φάσκοντι· folgt I Kor 14 21, εὗρον γὰρ τὰ ἰσοδυναμοῦντα τῇ λέξει ταύτῃ ἐν τῇ τοῦ Ἀκύλου ἑρμηνείᾳ κείμενα[4]. Kautzsch urteilt nun sicher richtig, wenn er sagt, dass die Verweisung auf Aquila nur deshalb stattfinde, um den Ursprung des Citates aus Jesaia zu konstatieren. Aber das entwertet die Notiz keineswegs. Man

---

[1] Vgl. Field II p. 472 A. 14, auch Wellhausen bei Bleek Einleit.[5] 541 f.

[2] Ob dann aus dieser Quelle auch das unmittelbar folgende Citat I Kor 15 55 (Hos 13 14) stammt, das von der LXX und vom masor. Text in gleicher Weise abweicht, muss dahingestellt bleiben: die jüngeren Uebersetzungen bieten keinen Anhaltspunkt für diese Vermutung. Kautzsch und Toy leiten das Citat aus LXX ab, aus der es gedächtnismässig angeführt sei, und erklären τὸ νῖκος (LXX, Theod.: δίκη) aus V. 54, und das zweite θάνατε (LXX: ᾅδη) als absichtliche Wiederholung des ersten.

[3] ed. Lommatzsch XXV p. 56; auch bei Field II 479 A. 27 abgedruckt.

[4] Dass auch Symmachus und Theodotion hier von LXX abwichen, bemerkt Hieronymus, vgl. Field ibid.

konnte in der That bei blosser Berücksichtigung von Masor. und Septuaginta über die Herkunft jener Anführung einigermassen im Zweifel sein. Das lehrt eine Vergleichung der Texte:

1 Kor 14 21	Jes 28 11 f.	LXX
ὅτι ἐν ἑτερογλώσ-	כי בלעגי	διὰ φαυλισμὸν χει-
σοις καὶ χείλεσιν ἑτέ-	שפה יכלשון	λέων, διὰ γλώσσης
ρων [1] λαλήσω τῷ λαῷ	אחרת ידבר	ἑτέρας, ὅτι λαλήσουσι
τούτῳ, καὶ οὐδ᾽ οὕτως	אל העם זה	τῷ λαῷ τούτῳ .... καὶ
εἰσακούσονταί μου,	... ולא אבוא	οὐκ ἠθέλησαν ἀκού-
λέγει κύριος	שמוע	ειν.

Ich vermag hier weder mit Bleek [2] eine eigene Ueber-setzung des Apostels aus dem Hebräischen anzunehmen, noch auch, wie Kautzsch [3], mich mit dem Anklang der Worte des Apostels an die Septuaginta zufrieden zu geben, sondern nehme dankbar an, was uns eine beiläufige Bemer-kung des Origenes an die Hand giebt: dass es nämlich andre griechische Versionen gab, in denen sich τὰ ἰσοδυνα-μοῦντα τῇ λέξει ταύτῃ (scil. des Apostels) fand [4]. Diesen Aus-druck sucht nun freilich Kautzsch dahin abzuschwächen, dass er nur similia sive ex parte consona bezeichne [5]. Indessen finden wir das Zeugnis des Kirchenvaters durch eine Thatsache bestätigt, welche uns die neue englische Septuaginta-Konkordanz von Hatch u. Redpath lehrt, die nämlich, dass sich das Wort ἑτερόγλωσσος, das wir bei Paulus lesen, unter allem, was uns von griechischen Ueber-setzungen des Alten Testaments erhalten ist, nur bei Aquila findet [6].

---

[1] So mit B A ℵ, Ti VIII W.-H. gg. ἑτέροις D E F u. a.

[2] Ebr.-br. I 352 f.

[3] l. l. p. 98.

[4] Schon Grotius oper. theol. tom. III, Basel 1732, z. d. St. nahm Benutzung des Aquila durch Paulus an.

[5] Vgl. übrigens dagegen den Gebrauch des Wortes in der Vor-rede zur griechischen Uebersetzung des Buches Sirach.

[6] Zweimal: Ps 113 1 (לעז) und Jes 33 19, hier für נלעג לשון vgl. Jes 28 11 שפה. — Ueberhaupt finden sich in dem Sprachschatz des Apostels einige Wörter, die wir in der LXX vergeblich suchen, hin-

Von hier aus können wir nun vielleicht auch weiter
gehen und noch in einigen andern Stellen Benutzung nicht
erhaltener griechischer Uebersetzungen vermuten. Paulus
schreibt

Gal 3 13 b	vgl. Deut 21 23 c
ἐπικατάρατος πᾶς ὁ κρεμά-	קללת אלהים
μενος ἐπὶ ξύλου	תלוי
LXX	Aquil. Theodot.
κεκατηραμένος ὑπὸ θεοῦ πᾶς	κατάρα θεοῦ κρεμάμενος.
κρεμάμενος ἐπὶ ξύλου	

Hier erinnert nun freilich πᾶς und ἐπὶ ξύλου [1] sehr stark
an die Septuaginta, und ihr ὑπὸ θεοῦ liess der Apostel
möglicherweise absichtlich aus, weil er den Vers auf Christus
bezog [2]. — Doch warum behielt er das κεκατηραμένος der
Septuaginta nicht bei? Erinnert nicht das Χριστὸς .... γενόμενος ὑπὲρ ἡμῶν κατάρα V. 13 a an die Uebersetzung von קללה,
wie sie Aquila und Theodotion bieten? Vielleicht schwebte
dem Apostel der Wortlaut einer Uebersetzung vor, in der
sich neben πᾶς und ἐπὶ ξύλου der Septuaginta bereits das
κατάρα jener jüngeren Uebersetzer fand, und er vertauschte
diesen letzteren Ausdruck mit dem ihm aus V. 10 (vgl. Deut
27 15—26) noch geläufigen ἐπικατάρατος nur deshalb, weil er
ihn unmittelbar vorher schon zweimal gebraucht hatte. —
Zu dem aus Jes 28 16 u. 8 14 verschmolzenen Citat
Rm 9 33 verdient hier bemerkt zu werden, dass die paulinischen Worte λίθον προσκόμματος καὶ πέτραν σκανδάλου sich
inniger mit Aquila, Symmachus und Theodotion als mit der
Septuaginta berühren. Diese übersetzt Jes 8 14: καὶ οὐχ

gegen bei Aquila, Symmachus oder Theodotion belegen können.
Dahin gehören ausser ἐτερόγλωσσος· ἀποκαράδοκ., ἐγκακεῖν, ἐπιπόθησις,
εὔσημος, εὐφημία. Weiter liess sich die Kontrolle noch nicht anstellen,
da die neue Konkordanz noch unvollständig ist.

[1] Dies ist offenbar aus Deut 21 22 oder 23 a in 23 c eingedrungen.

[2] So Surenhus, Bleck, Kautzsch, Ritschl, Sieffert,
Lightfoot, Lipsius. — Von allen oben gegebenen Texten verschieden lautet hier Onq. (Berliner l. l. I): ארי על דחב קדם יי איצטליב.

ὡς λίθου προσκόμματι συναντήσεσθε οὐδὲ ὡς πέτρας πτώματι, während jene andern Versionen haben: εἰς λίθον προσκόμματος καὶ εἰς στερεὸν σκανδάλου (Sym. Theod.: πέτραν πτώματος), Sym. weiter: καὶ εἰς παγίδα καὶ εἰς σκάνδαλον.

Auch dürfte zu Rm 10 15 b: ὡς ὡραῖοι οἱ πόδες τῶν εὐαγγελιζομένων τὰ ἀγαθά vgl. Jes 52 7 statt der Septuaginta: ὡς ὥρα etc. eine Uebersetzung zu Grunde gelegen haben, die, wie z. B. Theodotion (ὡς εὐπρεπεῖς vgl. auch Sym.) das נָאָה adjektivisch wiedergab[1].

Ferner gehört Rm 12 19 c hierher: ἐμοὶ ἐκδίκησις, ἐγὼ ἀνταποδώσω, λέγει κύριος, ein Citat aus dem sogenannten „Liede Moses". Deut 32 35 heisst es im Grundtext לִי נָקָם וְשִׁלֵּם. Kamphausen[2] bemerkt mit Recht, dass der Gegensatz zur Selbst-Rache, den Paulus unsrer Stelle unterlegt, dem Original fremd ist, da der Gedanke dem Dichter angesichts der Ohnmacht seines Volkes nicht in den Sinn kommen konnte, und dass darum das לִי nicht als dat. possessoris, sondern als dat. autoris zu fassen sei: „von mir kommt Rache" u. s. w. So ist der Dativ auch in der wörtlich mit Paulus übereinstimmenden Anführung Ebr 10 30[3] verstanden. Ob der masorethische Text nach dem samaritanischen (לְיוֹם für לִי vgl. LXX: ἐν ἡμέρᾳ ἐκδικήσεως ἀνταποδώσω[4]) zu

---

[1] Zwar meint hier Kautzsch, die LXX habe ursprünglich wie Paulus gelesen. Doch abgesehen davon, dass ὡς ὥρα, zum vorhergehenden πάρεσις bezogen, gar nicht so sinnlos ist, wie es K. darstellt, übersetzt LXX נָאָה an der einzigen Stelle, wo diese Form nochmals vorkommt Cant 1 10 wie Aquila Jes 52 7 mit τί ὡραιώθησαν. — Vielleicht las die LXX אָנֶה statt נָאָה.

[2] l. l. p. 176 ff., vgl. auch Dillmann, die Bücher Num. Deut. u. Jos.², Leipz. 1886, p. 408 f.

[3] codd. A u. E (gg. ℵ D) haben auch das paulin. λέγει κύριος.

[4] Zu der häufigen Uebereinstimmung der LXX mit dem samaritan. Pentateuch und zu den verschiedenen Versuchen sie zu erklären vgl. bes. König l. l. p. 97 f. Er möchte mit Gesenius, Geiger, Schrader, Vatke u. a. annehmen, dass das, worin vom masor. T. der samarit. und LXX gemeinsam abweichen, in hebräischen Codices fixiert gewesen ist.

emendieren[1] oder in seiner jetzigen Gestalt zu halten sei, gehört nicht hierher. Jedenfalls geht die Version, wie sie Paulus bietet, auf נקם לי zurück.

Woher hat er sie? — Kamphausen meint, er übersetze selbst das לי aus dem Grundtext, schliesse sich aber in Vermeidung des Nomens ישלם an die Septuaginta an, und weist die Ansicht Meyer's (zu Rm 12 19), dass die beiden Citate im Neuen Testament aus Onqelos als gemeinsamer Quelle herzuleiten seien, als unrichtig zurück. In diesem Targum lautet unsre Stelle: קדמי פורענותא ואנא אישלים.

Die innige Verwandtschaft mit den neutestamentlichen Anführungen liegt hier auf der Hand. Aber Meyer's später auch von ihm selbst aufgegebene Hypothese anzunehmen, hindern uns chronologische Bedenken. Die schon im Talmud selbst nicht unbestrittene Behauptung, Onqelos sei ein Schüler des Rabban Gamliel des Alten gewesen und habe um die Mitte des ersten christlichen Jahrhunderts gelebt, hat vollends vor der neueren Forschung nicht standhalten können[2]. Aber woher dann die Uebereinstimmung? Kautzsch (S. 77) zeigt uns einen andern Weg. Nach ihm wären die beiden Uebersetzungen, die des Apostels sowohl wie die des Onqelos aus einer schulmässig verbreiteten rabbinischen Auffassung des alttestamentlichen Spruches geflossen (vgl. Meyer). — Möglich ist das gewiss. — Doch will es nicht recht passen zu dem sonst bei Onqelos beobachteten Bestreben, blosser Tradition gegenüber sich wieder mehr an den Text zu halten[3]. Und wenn man deshalb eine gemeinsame dritte Quelle als wahrscheinlichsten Grund

---

[1] So nach Cappellus u. Kamphausen. Dieser zieht den Vers zum Vorhergehenden und macht auf den so entstandenen Parallelismus zw. נקם לי und לעת תמוט aufmerksam.

[2] Während Weber ASTh. XIIf. noch an dieser talmud. Notiz festhält, verlegt Geiger das Targum in's 4., Frankel in's 3. Jahrh., vgl. Schürer I² 117.

[3] Vgl. Wellhausen bei Bleck⁵ 563, Schürer I² 115, König l. l. 100.

der auffälligen Uebereinstimmung zwischen Paulus und dem aramäischen Uebersetzer annehmen muss, so wird man dieselbe wohl nicht in blosser Ueberlieferung, sondern in einem fixierten Text des Alten Testaments zu suchen haben. Dieser kann nun sehr wohl ein griechischer gewesen sein. Sollte sich nicht eine Reminiscenz an ein derartiges Abhängigkeitsverhältnis des Targum von einer griechischen Vorlage in der Uebertragung der Tradition von dem Proselyten Aquila auf den aramäischen Uebersetzer erhalten haben[1]?

Ist dem so, dann ist uns durch Onqelos verbürgt, dass Aquila wiederum mit Paulus übereinstimmte, und dann haben der Apostel und der Uebersetzer wohl auch aus gemeinsamer griechischer Quelle geschöpft. — Diese Erklärung mag manchem umständlich oder gar willkürlich erscheinen; man liebt die Zwischeninstanzen nicht und zieht es vor, sich an die heute noch vorhandenen Texte zu halten. Aber ist es vielleicht nicht eher Willkür zu nennen, wenn man meint, dass gerade das, was uns erhalten ist, auch dem Apostel zur Vorlage gedient haben müsse? Was wir aus der damaligen Zeit noch besitzen, sind doch sicherlich nur Bruchstücke einer viel reicheren Litteratur[2].

Doch sehen wir weiter zu. —

I Kor 1 20 a: ποῦ σοφός; ποῦ γραμματεύς; ποῦ συνζητητὴς τοῦ αἰῶνος τούτου wird man mit Surenhus[3] unter das γέγραπται γάρ in V. 19 zu rechnen und demnach als Citat zu betrachten haben. Sur. sieht die Worte an als eine Uebersetzung des hebräischen אַיֵּה סֹפֵר אַיֵּה שֹׁקֵל אַיֵּה סֹפֵר אֶת אֶת הַמִּגְדָּלִים

---

[1] Vgl. dazu die Stellen bei de Wette, Lehrbuch der histor.-krit. Einleit. in's A. T.[5], Berlin 1840, p. 90, Wellhausen b. Bleek p. 563 f., Schürer I[2] 117, König l. l. 100. Anders freilich Berliner, l. l. II, p. 97 ff. Die Gleichung עֲקִילָס = אֻנְקְלוֹס ist heute allgemein anerkannt

[2] Wenn Irenäus (bei Euseb., hist. eccl. V 8 4, ed. Zimmermann p. 332) von ἐπὶ τῶν νῦν τολμώντων μεθερμηνεύειν τὴν γραφήν redet und dann Theodotion und Aquila citiert, so klingt das nicht, als wenn er ausserdem nur noch von Symmachus gewusst hätte.

[3] l. l. p. 522 f.

Jes 33 18[1]. Indessen scheint mir erst auf dem Umwege durch ein Medium der Originalsinn[2] so gänzlich verloren zu sein. Hatte ihn schon die Septuaginta verdreht, indem sie übersetzte: ποῦ εἰσιν οἱ γραμματικοί; ποῦ εἰσιν οἱ συμβουλεύοντες; ποῦ ἐστιν ὁ ἀριθμῶν τοὺς (A : ספר-) τρεφομένους, so wird es wohl eine andre Version gegeben haben, die ihn noch mehr nach der paulinischen Auffassung hin ummodelte. Und Spuren einer solchen sind uns vielleicht wiederum bei Aquila erhalten, der gegen γραμματικοί der Septuaginta wie Paulus γραμματεύς bietet (vgl. auch Symmach.) und mit seinem μεγαλυνόμενοι (מגדלים) immerhin eher an den αἰών οὗτος des Apostels erinnert[3], als (ספר-)τρεφόμενοι der LXX.

Ergab sich uns aus dem Vorstehenden mit einiger Sicherheit, dass dem Apostel bei einer Reihe von Citaten eine von unserm heutigen Septuaginta-Text divergierende Uebersetzung vorlag, so erhebt sich nun die Frage, wie diese Thatsache zu erklären sei. — Dieselbe Schwierigkeit, die sich uns bei der Annahme eines abwechselnden Gebrauchs von Original und Version bot: die Unwahrscheinlichkeit der Voraussetzung, dass der Apostel mit verschiedenen Texten operierte, tritt uns hier von neuem entgegen. Es ist a priori nicht eben recht glaubhaft, dass Paulus über mehrere Versionen des Alten Testaments verfügt, von denen er bald die eine, bald die andre aufgerollt hätte. Oder

---

[1] Duhm, d. Buch Jesaia, Gött. 1892, p. 221 will nach Nah 3 17 emendieren: מיא ספסך את כמרסיהם „wo ist der Präfekt mit den Söldnern?" (anders Wellhausen zu Nah 3 17, d. kl. Propheten Sk. u. Vorarb. V² 1893 p. 161). Wahrscheinlich sei der Redaktor des gegenwärtigen Textes durch Erinnerung an Ps 48 15 (vgl. auch Baethgen, Psalmen p. 137) zu jener Aenderung gekommen.

[2] Derselbe ist doch offenbar der, dass der fremdländische Bedränger, der den Kriegstribut erhob, verschwunden ist. Im rabbinischen Judentum wurde die Stelle wiederholt auf die Abnahme der Weisheit bezogen, vgl. Belege dafür bei Wettstein 1. 1. 104.

[3] Vgl. Rm 12 2f., wo αἰών οὗτος (wie κόσμος oft) metonymisch für die, deren Sinnen und Trachten darin aufgeht, gebraucht, und durch ὑπερφρονεῖν (vgl. μεγαλύνεσθαι) charakterisiert wird.

dürfte man wohl annehmen, dass er 1 Kor 1 19 aus der LXX [1], V. 20 aber, auch ein Jesaia-Citat, aus einer andern Uebersetzung entlehnte (vgl. oben p. 32f.)? —

Steck (l. l. p. 223) will sich den Sachverhalt so erklären, „dass die Uebersetzung der Septuaginta schon vor den neuen Uebersetzern in wesentlichen Stellen Berichtigungen erfahren habe und in dieser Korrektur von den neutestamentlichen Autoren gebraucht worden sei.“ Er bezieht sich dabei auf Credner. Dieser kam in seinen „Beiträgen“ [2] auf Grund einer sorgfältigen Prüfung alttestamentlicher Citate im Matthäus-Evangelium und bei Justin zu der Annahme, dass sich die beiden der griechischen Uebersetzung bedienten, „aber mit Berichtigungen nach dem Hebräischen in den vorzugsweise messianischen Stellen“. Die palästinensischen Christen — so meint Credner — hatten sich bereits eine Reihe von Stellen aus den heiligen Schriften in ihrer originalen Gestalt unter Benutzung eines Targums für messianische Deutung zurechtgelegt. Dieses „alttestamentliche Urevangelium“ liess sich in der alexandrinischen Version nicht in gleicher Weise wiederfinden, und so kam man dazu, die betreffenden Stellen in dem griechisch gehaltenen gottesdienstlichen Vortrag ohne alle Rücksicht auf die LXX selbständig zu übersetzen, hinterher dann auch die alexandrinischen Interpreten nach dem Original zu korrigieren. — Höchst auffällig aber bleibt bei dieser Annahme die Thatsache, dass Stücke wie Ps 22 und Jes 53 von dieser Verbesserung ausgeschlossen blieben [3]. Credner erklärt das daraus, dass diese beiden Stellen damals, als die Korrektur

---

[1] Vgl. Jes 29 14. Dass LXX hier statt des paulinischen ἀθετήσω κρύψω bietet, ist kein ausreichender Grund für die Annahme der Benutzung einer andern Version durch den Apostel, da sich ἀθετήσω auch aus Reminiscenz an die in der LXX vorhergehenden προσθήσω und μεταθήσω erklären lässt. Vgl. auch Ps 32 10.

[2] Vgl. Beiträge zur Einleitung in die biblischen Schriften II, 1838.

[3] Vgl. dazu bei Credner p. 100f, 115ff. für Ps 22; für Jes 53 p. 220ff. 325 A. 1.

vollzogen wurde, „von den Christen noch nicht in den enge-
ren Kreis messianischer Weissagungen hereingezogen" worden
seien (p. 328). Aber nach Mc 15 24 29 34 = Mtth 27 35 39 46,
ausserdem V. 43 (vgl. Ps 22, LXX: 21 8 9 19) und Rm 4 25
Mtth 8 17 (vgl. Jes 53 5 12 4) scheint man sie doch schon
sehr früh auf Christus bezogen zu haben. Auf die paulinischen Citate kann aber Credner's Hypothese schon deshalb nicht ausgedehnt werden, weil es nicht nur messianische
Stellen sind, in denen der Apostel von der LXX abweicht.
Und wie wäre die merkwürdige Uebereinstimmung mit Aquila,
Symmachus und Theodotion zu erklären? Dürfte man wohl
annehmen, dass in jüdischen Versionen christliche Korrektur
der LXX Aufnahme fand? —

Dem vorliegenden Thatbestand wird doch wohl am
meisten die bereits geäusserte Ansicht gerecht, dass es vor
Aquila, Symmachus und Theodotion schon andre, ihnen
verwandte Versionen werde gegeben haben, die hie und da
neben LXX benutzt wurden. Natürlich hat man sich dieselben nicht als vollständige Gesamtausgaben des Alten
Testaments zu denken: es werden Uebersetzungen einzelner
Bücher desselben gewesen sein, wie sie privatim gewiss
nicht selten versucht worden sind, ehe sich der Text der
sogenannten LXX kanonisches Ansehn errungen hatte. Nichts
stände der Annahme im Wege, dass solche Versionen auch
noch zu den Zeiten des Apostels kursierten, sodass er direkt
hätte aus ihnen citieren können. — Aber vielleicht ist er
doch nur sekundär von ihnen abhängig.

Die merkwürdige Beobachtung, dass die Citate der
paulinischen Briefe aus verschiedenen Versionen genommen
scheinen, liesse sich ja vielleicht auch so erklären, dass sie
zuweilen überhaupt nicht direkt aus Uebersetzungen entlehnt wurden, sondern dem Apostel durch irgend welche
andre Schriften vermittelt waren. Wie, darüber urteilen
wir am besten erst dann, wenn wir einen weiteren, höchst
wichtigen Punkt in's Auge gefasst haben: die Citaten-
komposition.

Wiederholt stossen wir bei Paulus auf Stellen, in denen zwei oder mehrere alttestamentliche Worte miteinander verbunden werden, entweder so, dass sie zu einem Citat verschmolzen [1], oder so, dass sie neben einander gestellt sind. Die Veranlassung zu einer derartigen Verbindung mag zuweilen eine ganz äusserliche gewesen sein. Wie ein einzelnes Citat manchmal wohl nur durch zufällige Berührung eines Stichwortes herbeigeführt wurde [2], mag auch zuweilen ein Citat das andre in ähnlicher Weise nach sich gezogen haben. So ist wohl die Verbindung von Jes 59 20 und 27 9 in Rm 11 26 b f. durch das gleichlautende καὶ αὕτη und καὶ τοῦτο verursacht [3]. Auch die Erwähnung des ἄβυσσος Rm 10 6—8 (Deut 30 11—14) rührt nur von einer rein äusserlich (ἀναβαίνειν-καταβαίνειν) bedingten Reminiscenz an Ps 106 26 [4] her. Und Rm 12 19 erinnerte vielleicht das ἀνταποδώσω aus Deut 32 35 an Prov 25, wo sich unmittelbar nach dem vom Apostel gegebenen Citat die Worte finden: ὁ δὲ κύριος ἀνταποδώσει σοι ἀγαθά (V. 22 b). — Aber mit dieser rein mechanischen Erklärungsweise wird man der bei Paulus ausserordentlich häufigen Erscheinung gegenüber nicht ausreichen. Oefter noch als blosser Gleichklang der Worte ist es doch die Verwandtschaft des Sinnes gewesen, welche die Ver-

---

[1] So auch die Rabbinen, vgl. Surenhus l. l. liber II de modis etc. thesis VII: interdum plura loca sacrae scripturae in unum contrahi solent.

[2] So dürfte Rm 12 16 c (Prov 3 7) durch das vorhergehende φρονοῦντες veranlasst sein; ebenso II Kor 6 2 (Jes 49 8) durch δέξασθαι V. 1 (vgl. δεκτός V. 2); Rm 11 34 vgl. I Kor 2 16 (Jes 40 13) durch γνῶσις (γνῶναι. — I Kor 10 26 könnte das Citat Ps 23 1 durch Ps 49 12 herbeigeführt sein: hier steht es wie bei Paulus in einem Zusammenhang, in dem von Fleischessen die Rede ist.

[3] Es bedarf also nicht so gekünstelter Erklärungen, wie sie sich Otto in seinem Kommentar zum Römerbr. II p. 318—322 für diese Verbindung gestattet hat.

[4] Mit diesem Hinweis glaube ich auch die Meinung Hilgenfeld's (vgl. Steck p. 233), dass diese Stelle aus IV Esr 4 8 stamme, als erledigt ansehen zu können, zumal hier doch ein ganz anderer Zusammenhang vorliegt.

bindung von Stellen veranlasste. Wie schon in der LXX
Jes 52 5 (vgl. Rm 2 21) den Zusatz ἐν τοῖς ἔθνεσιν wohl aus
der sinnverwandten Stelle Ezech 36 21 erhalten hat [1], so findet
sich Rm 11 8 eine Verschmelzung von Jes 29 10 und Deut
29 4, die wohl auch einen tieferen Grund haben dürfte, als
nur den Gleichklang von πεπότικεν und ἔδωκεν [2]. — Bei einigen
der Citatenkonglomerate drängt sich uns vollends eine Beobachtung auf, die eine planmässige Zusammenstellung unbedingt voraussetzt.

Es zeigt sich nämlich eine unverkennbare Neigung des
Apostels zu Verknüpfung von Citaten aus den drei verschiedenen Schriftgattungen Thora, Nebiim und Kethubim,
oder wenigstens aus zweien derselben. So ist Rm 11 8—10
eine Deuteronomiumstelle mit Worten aus einem Jesaiaspruch
durchsetzt, und dann noch eine Psalmstelle hinzugefügt. In
gleicher Weise sind Rm 15 9—12 alle drei Gattungen vertreten. Und dem Psalmcitat II Kor 9 9 folgt V. 10 die Verschmelzung eines Wortes aus Jesaia mit einer Deuterono-
mium- und einer Hosea-stelle [3]. Häufiger ist die Verbindung
von Thora und Nebiim [4], oder Nebiim und Kethubim [5].
Schon Surenhus hat auf die Vorliebe des Paulus für solche
Verknüpfungen aufmerksam gemacht und nachgewiesen, dass

[1] Vgl. Surenhus, Kautzsch.

[2] So Kautzsch l. l. p. 103.

[3] Jes 55 10 Deut 28 11 Hos 10 12. Vgl. übrigens zu der Citaten-
häufung aus den drei verschiedenen Abteilungen altt. Schriften Lc 24 44
ὅτι δεῖ πληρωθῆναι πάντα τὰ γεγραμμένα ἐν τῷ νόμῳ Μωυσέως καὶ τοῖς
προφήταις καὶ ψαλμοῖς περὶ ἐμοῦ, auch Mtth 12 3—5 Lc 16 29 10
Mtth 17 3.

[4] Vgl. Rm 9 12f. 15—29 10 5—13 19—21 (πρῶτος Μωυσῆς — Ἡσαίας δὲ)
II Kor 6 16—18 Gal 3 6—11 4 21—30.

[5] Rm 3 10—18 11 34f. 12 17ff. I Kor 1 19—3 20. Der Gebrauch der
Kethubim beim Apostel ist auch für die Geschichte des alttestamentlichen Kanons von Bedeutung. Nur die Psalmen, Proverbien und Job
lassen sich beim Apostel bestimmt nachweisen. Der Psalter aber wird
nach dem Pentateuch am häufigsten unter allen übrigen alttestamentlichen Büchern citiert.

der Apostel darin rabbinischem Brauche folgt [1]. Haben wir
somit in der Abwechslung zwischen Thora, Nebiim und
Kethubim in den Anführungen des Apostels Absicht zu erkennen, so setzt die Annahme eines so wählerischen Verfahrens
einen solchen Reichtum an Stellen voraus, wie ihn auch der
ehemalige Schriftgelehrte schwerlich im Kopfe tragen konnte.
Wo fand er ihn? —

Weizsäcker (d. a. Z. [2] 110 f.) schloss namentlich aus der
Uebereinstimmung der Hauptbelegstellen in den Ausführungen des Galater- und Römerbriefs auf eine schon vorher von
dem Apostel veranstaltete Sammlung, eine Art biblischer
Theologie, an die er sich in seinen Briefen gehalten habe.
Ich möchte einen Schritt weiter gehen und vermuten, dass
ihm jüdische Schriften vorgelegen haben, in denen zu dog-
matischen Zwecken alttestamentliche Stellen zusammenge-
tragen waren, und zwar meist auch wohl so, dass dabei die
drei verschiedenen Schriftgattungen aus einander gehalten
wurden. Manche Citate mochten hier schon nach denselben
oder ähnlichen Gesichtspunkten zusammengestellt sein, wie
wir sie bei Paulus finden. So war wohl schon vor dem
Apostel Hab 2 4 mit Gen 15 6 unter dem gemeinschaftlichen
Gesichtspunkt des Glaubens kombiniert [2].

Bei allmählicher Entstehung konnten solche Sammlungen von dicta probantia sehr leicht Material aus verschiedenen Versionen in sich aufnehmen; und so hätten wir
denn auch eine befriedigende Erklärung für die auffallenden
Abweichungen des Apostels von der Septuaginta gefunden.
— Diese Hypothese ist nicht aus der Luft gegriffen. Schon
Hatch hat in seinen essays in biblical Greek (p. 186 u.
203—214) die Vermutung ausgesprochen und begründet, dass
die hellenistischen Juden neben den kanonischen und apo-
kalyptischen Büchern eine weitere Litteratur gehabt hätten,
Schriften ethischen, erbaulichen oder polemischen Charakters;
dass es ferner darunter auch eine Art biblischer Anthologien

---

[1] l. l. liber II thesis XI p. 49 f.
[2] Vgl. das Citat aus schemoth rabba bei Wettstein zu Rm 1 17.

gegeben habe, denen man einen hohen Grad von Ansehn zuschrieb. Einem gewissen Zug der Zeit zur Anlage von Excerptensammlungen folgend hätten die Juden aus ihren heiligen Büchern Auszüge gemacht und zusammengestellt. Den Beweis für diese Hypothese findet Hatch in den Citatenkompositionen des Neuen Testaments und der älteren Kirchenväter. Er bringt eine Reihe von zusammengesetzten Anführungen, die mit denselben Formeln citiert werden, wie die direkt dem Alten Testament entnommenen einheitlichen Sprüche, die aber durch ihre Abweichungen vom originalen Text nicht minder, als eben dadurch, dass die betr. Citanten sich ihres Kompilationscharakters kaum bewusst gewesen zu sein scheinen, die Existenz einer Zwischeninstanz wahrscheinlich machen, der sie entlehnt wurden. — Sicheres dürfte sich hier schwerlich ermitteln lassen. Immerhin würden solche Citatenkombinationen, die in übereinstimmender oder doch verwandter Gestalt an mehreren Stellen zugleich und unter unbedingtem Ausschluss der Möglichkeit eines Abhängigkeits-verhältnisses derselben unter einander nachzuweisen wären, Hatch's Hypothese stark begünstigen. Unter den von ihm beigebrachten Anführungen genügt nun eigentlich wohl nur Barn 11 2 f. vgl. m. Justin Tryph. 114 12 ff. diesen Bedingungen völlig.

Beiderseits wird hier Jerem 2 13 mit Jes 16 1 ver-schmolzen. Bei Justin aber ist mit dieser Kombination noch ein Anklang an Jerem 3 8 verbunden; ausserdem weicht er im einzelnen nicht unerheblich von Barn. ab, sodass seine Abhängigkeit von dieser Schrift wohl ausgeschlossen ist. Mithin wird man mit Hatch an eine gemeinsame Quelle denken müssen, da es nicht wohl angeht anzunehmen, dass beide selbständig auf Vereinigung derselben Stellen verfallen seien, zumal sich Justin, der die ganze Anführung als ein Wort des Jeremia giebt, des zusammengesetzten Charakters derselben offenbar nicht bewusst war. Es gab also wohl vor Barn. und Justin irgend eine dritte Schrift, in der sich die vier Verse Jer 2 12 13 Jes 16 1 Jer 3 8 mit einander

verschmolzen fanden[1]. Von hier aus gewinnen nun aber
auch die andern Stellen, die Hatch beibringt, an Beweiskraft[2]. So wird man es jetzt auch lieber aus der Benutzung
der von Hatch vermuteten Anthologie als aus Gedächtnis-
schwäche oder Ungenauigkeit Justin's erklären, wenn derselbe (wie Tryph 24, Apol I 52) Stellen als biblische Citate
giebt, die thatsächlich Biblisches mit Unbiblischem vermischen.
— Weisen nun aber die übrigen Stellen bei Hatch nur bis
ins nachapostolische Zeitalter zurück, so bietet er doch eine,
mit der wir uns in die apostolische Zeit versetzt sehen. Das
ist die bereits erwähnte Citatenkompilation Rm 3 10—18 vgl.
m. Tryph 27 7—9. Justin hat nur einen Teil (Ps 13 3 a
5 10 b 139 4 b Jes 59 7 d 8 a) des bei Paulus sich findenden
Textes. Das würde nun zwar die Abhängigkeit von dem
Apostel nicht absolut ausschliessen, macht es aber doch
wenigstens unwahrscheinlich, dass ihm bei dieser Anführung
der Römerbrief schriftlich vorlag. Und für die Annahme,
dass er ihn auswendig gewusst, bieten seine Schriften im
übrigen doch wohl zu wenig Anhaltspunkte (vgl. Holtzmann, Einleitung[3] p. 101). Jedenfalls ist er, wie das ein-
führende einmalige ϗϗ beweist, in dem Glauben, ein ein-
heitliches alttestamentliches Citat zu geben und erwartet
eine Anerkennung desselben als solchen auch jüdischerseits.
Das konnte er mit Bestimmtheit nur, wenn er wusste, dass

---

[1] Wie die Abweichungen des Barnabasbriefs und Justins vom hebr.
und griech. Bibeltext sowohl als auch unter einander im einzelnen zu
erklären seien, ist schwer zu sagen. Zu der Variante bei Barn. βόθρον
θανάτου (Justin mit LXX: λάκκος συντετριμμένος) sei nur bemerkt,
dass auch in der LXX βόθρος und λάκκος Synonyma sind (vgl. Basil
z 13 a), und dass βόθρον ὀρύττειν in der LXX sehr häufig vorkommt
(vgl. Hatch's Konkordanz). Ob aber Barn. durch gedächtnismässige
Citation oder durch sekundäre Benutzung der Quelle Justin's zu dieser
Aenderung kam, oder ob Justin seine Vorlage nach der LXX korri-
gierte, lässt sich nicht entscheiden.

[2] Nur bei Clem. Rom. I 15 4 ff., vgl. Clem. Alex. Strom. 4 6
scheint mir die Annahme einer Abhängigkeit dieses von jenem natür-
licher; vgl. Harnack, Litt. I 41 f.

es in jüdischen Schriften zu lesen war. Und so scheint es in der That auch hier am geratensten, an eine von Paulus und Justin gemeinsam benutzte Quelle, und zwar an eine jüdische zu denken. — Zu einem ähnlichen Resultat führt uns ferner auch der Vergleich von Rm 9 33 mit 1 Petr 2 6 f. Während der Römerbrief Jes 28 16 und 8 14 mit einander verschmilzt, bringt I Petr die beiden Stellen gesondert und verbindet die zweite mit Ps 117 22, zeigt sich somit von Röm. unabhängig. Um so auffälliger ist die gemeinsame Verbindung der beiden Jesaiastellen. Beachten wir ferner, dass auch Barn (6 2 4), wie I Petr Jes 28 16 und Ps 117 22 zusammenstellt uud seinerseits Jes 50 7 in einer Gestalt[1] hinzufügt, die eine direkte Entlehnung aus der LXX oder dem hebr. Original sehr unwahrscheinlich macht, so dürfte auch hier die Vermutung nicht unbegründet sein, dass unsern drei Gewährsleuten früherer Sammelfleiss vorgearbeitet habe. —

Sollten nun aber die Juden wirklich erst in der hellenistischen Periode solche Zusammenstellungen unternommen haben? Vielleicht ist uns in II Kor 9 10 noch eine Spur davon erhalten, dass man mit diesen Sammlungen schon in hebräischer Sprache begonnen hatte. An dieser Stelle giebt Paulus, wie schon erwähnt, ein Gefüge aus drei verschiedenen alttestamentlichen Worten[2]. Sollte es nun blosser Zufall sein, dass in dem originalen Zusammenhang aller drei Stellen von „Regen" oder „regnen" die Rede ist? Jes 55 10 bildet מטר (ὑετός) das Subjekt der von Paulus auf Gott bezogenen Prädikate. Deut 28 11 f. wird Israel für Erfüllung der göttlichen Gebote rechtzeitige Spendung des

---

[1] Barn 6 3b heisst es: καὶ ἔθηκεν με ὡς στερεὰν πέτραν, Jes 50 7 b hingegen nach LXX: ἔθηκα τὸ πρόσωπόν μου ὡς στερεὰν πέτραν: und diese Uebersetzung stimmt mit dem masor. Text überein.

[2] Jes 55 10: καὶ δῷ σπέρμα τῷ σπείροντι καὶ ἄρτον εἰς βρῶσιν, Deut 28 11: πληθυνεῖ σε κύριος ὁ θεός σου εἰς ἀγαθὰ ἐν τοῖς ἐκγόνοις τῆς κοιλίας σου . . . . καὶ ἐπὶ τοῖς γεννήμασι τῆς γῆς σου, Hos 10 12: σπείρατε ἑαυτοῖς εἰς δικαιοσύνην . . . . ἕως τοῦ ἐλθεῖν γεννήματα δικαιοσύνης ὑμῖν.

„Regens" (מטר, ὑετός) und Fruchtbarkeit des Landes verheissen. Und Hos 10 12 endlich, von wo der Apostel den
Ausdruck γεννήματα δικαιοσύνης entlehnt zu haben scheint,
heisst es im masorethischen Text: עד יבא וירה צדק לכם. Man
hat diesen Text nach der Septuaginta emendieren wollen[1];
doch scheint er mir sehr wohl haltbar zu sein und dann am
besten mit „regnen lassen" übersetzt zu werden[2]. Somit
hätten wir denn einen von dem paulinischen sehr verschiedenen Gesichtspunkt gefunden, unter dem jene drei Stellen
schon vor dem Apostel vereint sein konnten[3]. Dass die
beiden ersten Male „Regen" im eigentlichen Sinne zu nehmen
war, während ירה bildlich gebraucht ist, bietet kein
Hindernis für unsre Hypothese; denn bei der fast epide-
mischen Deutungssucht der Zeit mochte sehr leicht auch
jenen beiden Stellen ein tieferer Sinn untergelegt sein[4]. —
Nach der Septuaginta könnte freilich diese Zusammenstellung
nicht gemacht sein; in ihrer Uebersetzung fehlte der dritten
Stelle ja gerade das, worauf es ankam. Vielleicht hat man
mit der Anfertigung derartiger Stellenverzeichnisse in hebräischer Sprache begonnen, später das bereits gesammelte
Material nach der Septuaginta, hie und da auch wohl mit
Modifikationen in's Griechische übertragen und im Laufe
der Zeit aus verschiedenen Versionen erweitert.

[1] Wellhausen. Sk. u. Vorarb. V[2], p. 123: „für וירה lies mit
LXX יֹרֶה entsprechend dem ברי כם שַׁחַת V. 13". Aber warum hätte dann
wohl die LXX das gleiche Wort das eine Mal mit γέννημα, das andere
Mal mit καρπός wiedergegeben? Eher scheint sie mir eine Handschrift
vor sich gehabt zu haben, in welcher für וירה יבא — יבלדי יבלאי
geschrieben stand.

[2] Vgl. Keil, Siegfried-Stade (Wörterb.), Kautzsch (Uebersetz.) gegen Hitzig, Reuss (Uebersetz.): „lehren". — Hos 6 3 war
das Verb bereits in ähnlichem Zusammenhang in der Bedeutung „be-
sprengen" gebraucht.

[3] Auch die Art, wie die Midraschim häufig Stellen unter rein
äusserlichen Gesichtspunkten vereinen (vgl. z. B. Weber ASTh. 108),
unterstützt meine Hypothese.

[4] Vielleicht sollte gerade das Wort aus Hosea den Schlüssel zum
Verständnis der beiden andern Stellen bieten.

Die Annahme der Existenz solcher Bücher, von denen uns keine ausdrückliche Kunde zuteil ward, ist nur eine Hypothese, für welche absolut zureichende Argumente fehlen. Indessen erschien sie mir als die einfachste Lösung für zwei schwierige Probleme zugleich, welche die alttestamentlichen Citate bei Paulus bieten: für die auffallenden Textvarianten im Verhältnis zur Septuaginta und für die Fülle der Stellen, die dem Apostel je nach Belieben aus Gesetz, Propheten oder Hagiographen zu Gebote stehen. — Uebrigens hat man sich die Verwendung einer solchen Sammlung durch den Apostel keineswegs als durchgängig vorzustellen: weitaus in den meisten Fällen wird er jedenfalls auf die Septuaginta zurückgehn; und in einer ganzen Reihe von Stellen, wo Paulus von der alexandrinischen Version abweicht, wird man nur unabsichtliche, zum Teil auch wohl beabsichtigte Aenderungen dieses Textes zu sehen haben[1].

Gab es aber solche Schriften, wie wir sie im Vorhergehenden voraussetzten, so ist es eine naheliegende Vermutung, dass die besonders in der älteren patristischen

---

[1] Ausser Erwähntem sind dahin zu rechnen Umstellung der Worte wie Rm 9 13 (Mal 1 2 b f.) Rm 10 20 (Jes 65 1) Rm 10 21 (Jes 65 2) Rm 11 3 (Basil γ 19 10) Rm 11 9 (Ps 69 23) Rm 15 11 (Ps 116 1); Vertauschung der Person wie Rm 2 6 (Ps 61 13 b) Rm 10 19 (Deut 32 21) Rm 11 8 (Jes 29 10 Deut 29 4), oder des Numerus Rm 12 16 f. (Prov 3 7 4) I Kor 5 13 (Deut 17 7); Verkürzungen wie I Kor 1 31 vgl. II Kor 10 17 (Jer 9 23) II Kor 6 17 (Jes 52 11) II Kor 13 1 (Deut 19 15). — Ziemlich deutlich tritt die Absicht zu Tage in Aenderungen wie Rm 3 10 (Ps 13 1): δίκαιος für ποιῶν χρηστότητα; Rm 9 17 (Ex 9 16): ἐξή-γειρα für διετήρησα; I Kor 3 20 (Ps 93 11): σοφῶν statt ἀνθρώπων u. a. — Solche und noch viel grössere Freiheiten in der Citation erlaubten sich auch die Rabbinen, bei denen Paulus in die Schule ging, vgl. Surenhus l. l. liber II thess. V VI: aliquando verbis in scriptura sacra allegatis una vel altera vox peregrina inseritur ad commodiorem sensum ex iis eliciendum. — Man wird somit unserer Zwischeninstanz jedenfalls nicht denselben Vorwurf machen können, der gegen Böhl's „Volksbibel" mit Recht erhoben wurde: dass sie der Freiheit des neutestamentlichen Autors in der Verwendung alttestamentlicher Stellen zu wenig Spielraum lasse.

Litteratur so häufig vorkommenden Stellen, die zwar als
alttestamentliche Schriftworte citiert werden, aber bei noch
so grosser Verwandtschaft mit dem Alten Testament doch
in demselben nicht nachzuweisen sind, aus dieser Quelle
stammen [1].

Ein solches Citat findet sich nun auch bei Paulus,
1 Kor 2 9. Der an dieser Stelle gelesene Text: καθὼς γέ-
γραπται· ἃ ὀφθαλμὸς οὐκ εἶδεν καὶ οὖς οὐκ ἤκουσεν καὶ ἐπὶ καρδίαν
ἀνθρώπου οὐκ ἀνέβη, ἃ ἡτοίμασεν ὁ θεὸς τοῖς ἀγαπῶσιν αὐτόν hat
die verschiedensten Orientierungsversuche erfahren. Zuletzt
hat ihn Resch [2] für sein Urevangelium vindiciert. —
In den Konstitutionen (7 32) heisst es: τότε ἀπελεύσονται
οἱ μὲν πονηροὶ εἰς αἰωνίαν κόλασιν, οἱ δὲ δίκαιοι πορεύσονται εἰς
ζωὴν αἰώνιον κληρονομοῦντες ἐκεῖνα (1) ἃ ὀφθαλμὸς οὐκ εἶδεν (2)
καὶ οὖς οὐκ ἤκουσεν (3) καὶ ἐπὶ καρδίαν ἀνθρώπου οὐκ ἀνέβη (4), ἃ
ἡτοίμασεν ὁ θεὸς τοῖς ἀγαπῶσιν αὐτόν. καὶ χαρήσονται ἐν τῇ βασιλείᾳ τοῦ θεοῦ [3]. In dieser Stelle sieht nun Resch den ur-

---

[1] Hier, aus dem Kontext losgelöst, konnten biblische Sprüche
im Laufe der Zeit sich leicht bis zur Unkenntlichkeit umgestalten.

[2] Agrapha, ausserkanon. Evangelienfragmente, Texte u. Unters.
V, Heft 4, Leipz. 1889 p. 102 f. 154—167 281 f.

[3] In ähnlicher Verbindung (vgl. κληρονομεῖν und χαρῆναι ἐπὶ τῇ
βασιλείᾳ τοῦ κυρίου) findet sich die Stelle (doch mit Ausschluss des
4. Gliedes) bei Clemens-Alexandrin., und auch in einem Agathangelus-
Citate ist dieselbe mit Erwähnung der βασιλεία verknüpft. Die andern
Belegstellen, die Resch bietet, zeigen diesen Zusammenhang nicht
und stimmen mehr oder minder vollständig mit Paulus überein.
Wichtig ist nur, dass Clem. Rom. 1 34 8 und Martyr. Polyc. 2 3 ὑπομένουσι (bezw. ὑπομείνασι) statt ἀγαπῶσιν haben. — Zu dem Verzeichnis der Anführungen dieser Stelle bei Resch lässt sich ausser den
Ergänzungen bei Harnack, Litt., p. 853, eine Stelle aus Hippolyt
hinzufügen: refut. omn. haer. V 27 (bei Dieterich, Nekyia, p. 94 A. 1
abgedr.). Hier heisst es von den Neophyten der gnostischen Justi-
nianer, dass sie in die Geheimnisse eingeweiht wurden ὅσα ὀφθαλμὸς
οὐκ εἶδε καὶ οὖς οὐκ ἤκουσε καὶ ἐπὶ καρδίαν ἀνθρώπου οὐκ ἀνέβη. Demnach ist unsere Stelle den Gnostikern geläufig. Dazu stimmt, dass der
Antignostiker Hegesipp die Worte, als mit Mtth 13 16 im Widerspruch
stehend, verwirft. Bemerkenswert ist noch, dass unmittelbar nach
jener Einweihungsformel zur Begründung der nun folgenden, nach

sprünglichen vollständigen Schluss von Mtth 25 31—46 und
meint, dass sich Paulus auch sonst des öftern auf das so
ergänzte Gleichnis aus dem ursprünglichen Matthäusevan-
gelium beziehe [1]. Man wird sich aber hier dem Eindruck
nicht verschliessen können, dass es sich anders verhält.
Warum sollte nicht ebenso gut der Passus in den Konstitutionen ein bereits vorgefundenes Konglomerat aus Mtth
25 31 41 46 u. I Kor 2 9 enthalten können, das schon Clemens
Alexandrinus und nachher Agathangelus benutzten? Und
spricht nicht thatsächlich vieles für diese Erklärung? Schon
Jülicher [2] hat schwere Bedenken gegen Resch's Hypothese
überhaupt vorgebracht. Wie früh muss Matthaeus geschrieben haben, wenn Paulus bereits so vertraut mit seinem
Werke war! Und woher seine Vorliebe für gerade die Be-
standteile des Urmatthäus, die den Verfassern unsrer Evangelien nicht gefielen? Und wie sollte er, der Apostel, der
vom Herrn empfangen hat, der sonst Logien nur unter Berufung auf Christus selbst giebt, dazu kommen, ein Herren-
wort aus der Schrift seines Mitapostels mit καθὼς γέγραπται zu
entlehnen [3]? Wäre es endlich wohl denkbar, dass, während

Dieterich letztlich auf orphisch-pythagoräische Vorstellung zurück-
gehenden Ceremonie eine midrasische Auslegung von Gen 1 6 gegeben
wird (d. Citat nach LXX oder Theodot.), wie denn überhaupt die
ophitische Gnosis viel Anklang an das A. T. zeigt. Darf vielleicht
von hier aus auch auf den Ursprung jener Formel geschlossen werden?
[1] Er vergleicht unter anderm Rm 9 23 I Kor 6 9 Gal 5 21. Aber
für den Ausdruck προετοιμάζειν bieten Jes 28 24 Sap 9 8 Philo, Joseph.
bessere Belegstellen. κληρονομ. scheint gleichfalls direkt aus dem A. T.
bezogen.
[2] ThLZ. 1890, c. 328.
[3] Dass man mit γραφή, γέγραπται bis weit in's zweite Jahrhundert
hinein gewöhnlich nur auf alttestamentliche Schriften hinwies, dazu
vgl. Harnack, Dogmengesch. I² 304 f. Seine Koncession, dass man
vielleicht „auch dort die in ihrem Wortsinn abgeschliffenen Citationsformeln γραφή, γέγραπται etc. angewendet habe, wo man sich auf
schriftlich fixierte Herren- und Prophetensprüche bezog, selbst wenn
die betreffenden Schriften als ganze ein kanonisches Ansehen' noch

Clemens Alexandrinus und dann weiterhin die Konstitutionen den ursprünglichen Zusammenhang unsrer Stelle gekannt, Origenes über deren Herkunft so im Irrtum hätte sein können, dass er sie auf ein nach dem Propheten Elias benanntes Apokryphon zurückführte[1]? Den gleichen Ursprung meldet Ambrosiaster[2]. Hieronymus folgt der Angabe des Origenes, indem er behauptet, dass sich das Wort in dem genannten Apokryphon gefunden, bezeugt aber auch, dass die Ascensio Jesaiae[3] es enthalten habe. Gleichwohl will er das paulinische Citat aus dem kanonischen Jesaia ableiten[4]. Und diese letztere Datierung hat jedenfalls die Citationsformel für sich, da der Apostel sonst mit καθὼς γέγραπται allemal ein alttestamentliches Wort einleitet, sodass diejenigen, welche in der paulinischen Stelle ein apokryphes Citat sehen, sich die Art ihrer Einführung durch einen momentanen Irrtum des Apostels erklären müssen[5]. Sollte Hieronymus nicht thatsächlich Recht haben? Wie

nicht genossen", weist Schmiedel, H.-C., p. 79, soweit sie die Zeit des Apostels miteinbegreift, wohl mit Recht zurück.

[1] Vgl. in Mtth 27 9 (Lomm. V p. 29): d. angeblich aus Jerem. stammende Citat findet sich thatsächlich bei Zach. Si autem, fährt er fort, haec dicens aliquis existimat se offendere, videat, ne alicubi in secretis Jeremiae hoc prophetatur, sciens, quoniam et Apostolus scripturas quasdam secretorum profert, sicut dicit alicubi: folgt I Kor 2 9; in nullo enim regulari libro hoc positum invenitur, nisi in secretis Eliae prophetae. Weitere Stellen vgl. bei Schürer II² 674.

[2] Vgl. Jülicher l. l. Weitere Zeugen bei Grotius.

[3] Thatsächlich steht es in einem nach Jesaia benannten Apokryphon, aber nur im lateinischen, nicht im äthiopischen Text, vgl. Harnack, Litt., p. 855. — Hilgenfeld wollte das Citat lieber auf IV Esra zurückführen. Dagegen vgl. Lightfoot (bei Harnack zu I Clem 35 2), auch Steck p. 233. — Wettstein und Heinrici (I p. 20) finden darin Anklang an klassische Worte. Doch ist derselbe nur sehr gering.

[4] Epistul. 57 ad Pammach.: Solent hoc loco Apocryphorum quidam deliramenta sectari et dicere, quod de apocalypsi Elia testimonium sumptum sit, cum in Esaia iuxta Hebraicum ita legatur: folgt Jes 64 4 (abgedr. bei Schürer II 675, Steck p. 229).

[5] So Harnack l. l., Schmiedel l. l.

er vergleicht auch Surenhus (cfr. auch Toy) Jes 64 3
(LXX: 4). Hier bieten die Texte

וּמֵעוֹלָם לֹא שָׁמְעוּ
לֹא הֶאֱזִינוּ עַיִן לֹא
רָאָתָה אֱלֹהִים
זוּלָתְךָ יַעֲשֶׂה
לִמְחַכֵּה לוֹ

Hexapl. ἀλλ.: ὀφθαλμός
οὐκ εἶδε

LXX ἀπὸ τοῦ αἰῶνος οὐκ
ἠκούσαμεν, οὐδὲ οἱ ὀφθαλμοί
ἡμῶν εἶδον θεὸν πλὴν σοῦ καὶ τὰ
ἔργα σου, ἃ ποιήσεις τοῖς ὑπομένουσι ἔλεον.

Eine Annäherung des hebräischen Textes an I Kor 2 9
bezwecken Rosenmüller und Stier, wenn sie אֱלֹהִים זוּלָתְךָ
als Vokativ, und יַעֲשֶׂה als Objekt fassen. Diese Exegese hat
aber Delitzsch[1] mit Recht zurückgewiesen. Dass das Citat
im Grunde auf die Jesaia-Stelle zurückgeht, wird besonders
dadurch nahe gelegt, das Clem. Rom. und Martyr. Polyc.,
wie erwähnt, in Uebereinstimmung mit dem heutigen hebräischen Text[2] und der Septuaginta ὑπομένουσι (bezw. ὑπομείνασι)
lesen, wodurch wir uns deutlich genug auf jenen alttestamentlichen Vers verwiesen sehn.

Die Worte καὶ ἐπὶ καρδίαν ἀνθρώπου οὐκ ἀνέβη, aber
werden aus Jes 65 16 stammen (vgl. auch V. 17 bei Aquila,
Sym. und Theod.[3]). —

Aber direkt aus dem Alten Testament kann man das

---

[1] Das Buch Jesaia[4] 608.

[2] Die paulinische Lesart entstand vielleicht aus מֵחַבֵּב (ἀγαπῶν)
statt מְחַכֵּה (vgl. Surenhus). — Uebrigens vgl. auch Sir 1 10: καὶ
ἐχορήγησεν αὐτήν (scil. σοφίαν) τοῖς ἀγαπῶσιν αὐτόν.

[3] Ein weiteres Anzeichen einer derartigen Verschmelzung bietet
II Clemens. Nachdem hier 11 7 der erste Teil des paulinischen Citates
gegeben ist, heisst es 14 5 (οὔτε ἐξειπεῖν τις δύναται οὔτε λαλῆσαι) ἃ
ἡτοίμασεν ὁ κύριος τοῖς ἐκλεκτοῖς αὐτοῦ. κύριος und ἐκλεκτοί finden sich
Jes 65 15. — Nach Duhm l. l. p. 440 hätten auch die oben auf Jes
65 16 zurückgeführten Worte im hebräischen Text von Jes 64 3 ihre
Vorlage gehabt. Er meint, dass Paulus statt אֱלֹהִים זוּלָתְךָ gelesen
habe עַל לֵב לֹא עָלְתָה und ἀνθρώπου hinzugefügt. Aber woher dann
θεός? Recht hat er vielleicht mit seiner Ergänzung לֹא הֶאֱזִינוּ אֹזֶן
für לֹא הֶאֱזִינוּ. Dies ist in der That zum Stichos zu klein und leicht
durch ein Schreiberversehen zu erklären. Vgl. übrigens auch Job 13 1
Prov 20 12.

paulinische Citat ohne Künsteleien nicht ableiten. Vielleicht ist der Sachverhalt der, dass jene beiden Verse aus dem Jesaia — vielleicht auch noch 65 ₁₅ (vgl. unten p. 47 A. 3) und Sir 1 ₁₀ (vgl. ibid. A. 2) — in einer alttestamentlichen Anthologie frei mit einander verbunden waren[1]. Aus einer solchen Schrift konnte Paulus sehr wohl mit καθὼς γέγραπται citieren.

Fassen wir kurz zusammen, was sich uns aus den bisherigen Erörterungen als wahrscheinliches Resultat für die Quellen der paulinischen Anführungen aus dem Alten Testament ergab, so hat Paulus in den meisten Fällen aus der LXX geschöpft, die ihm jedoch nicht in einheitlicher Recension vorlag, sondern nur in gesonderten Ausgaben der einzelnen Bücher. Von diesen berührte sich die des Jes sehr innig mit userm heutigen Codex A. die des Levit mit F (Ambrosianus). Mit B stimmt der Apostel äusserst selten überein. Zu Job lag ihm eine mit den jüngeren jüdischen Uebersetzern verwandte Version vor. Sonstige Abweichungen von der LXX, soweit sie sich nicht aus absichtlicher oder unabsichtlicher Aenderung ihres Textes erklären, sowie manche von den Citatenkompositionen und 1 Kor 2 ₉ sind vielleicht auf jüdische Stellensammlungen zurückzuführen. —

II.

Welchen Gebrauch macht nun aber der Apostel von den Worten des Alten Testaments? — Wozu führt er sie an: warum liebt er es, mehrere derselben zusammenzustellen, womöglich aus verschiedenen Abteilungen der alttestamentlichen Litteratur?[2] —

---

[1] Dies mag dann auch die Quelle für die Elias-Apokalypse und das Jesaia-Apokryphon, sowie die Gnostiker gewesen sein, vielleicht auch für I u. II Clem. Auf diese oder Paulus werden direkt oder indirekt wohl alle anderen Anführungen unserer Stelle zurückgehen.

[2] Vgl. übrigens zum Folgenden auch die betreffenden Abschnitte in den biblischen Theologien Schmid⁴ p. 475 f., Immer 251—256, Weiss 272—275, auch Weizsäcker d. a. Z.² 109ff.

Bei den Rabbinen sollte offenbar eine solche Häufung
von Belegstellen das autoritative Gewicht einer Behauptung
steigern. Wurde ein Punkt der Lehre durch Moses und
die Propheten bezeugt, so galt er als ausgemacht und unabänderlich; und wenn diesem doppelten Zeugnis noch ein
drittes aus den Psalmen, Proverbien oder dergleichen hinzugefügt werden konnte, so gab das um so grösseren Nach-
druck. — Verhält sich's bei Paulus ebenso: ist auch ihm
das Alte Testament eine Autorität, deren Zeugnis er zur
Gewissheit seines Glaubens bedürfte? Wie liesse sich das
mit seiner Abrogation des Gesetzes vereinigen? Mit aller
Energie streitet er dem Gesetz jegliche positive Heils-
bedeutung ab. — Unter dem νόμος aber versteht er nicht
etwa nur den ceremoniellen Teil des Pentateuchs, sondern
das ganze Alte Testament, soweit es Gebot enthält. Wie
er den geschichtlichen (I Kor 14 34 Gen 3 16) und weis-
sagenden (Rm 3 21) Teil der mosaischen Urkunde, insofern sie göttlichen Willensausdruck bieten, mit unter den
νόμος fasst, so dehnt er diesen Begriff in gleicher Weise
auch auf die übrigen Bücher des Alten Testaments aus
(vgl. Rm 3 10—18 mit V. 19; I Kor 14 21 [1]). — Und zwischen
einem kultischen und ethischen Teil des Gesetzes hat er
nirgendwo ausdrücklich geschieden. Im Kampfe mit seinen
judenchristlichen Gegnern „hätte das Streitobjekt gefehlt,
wenn Paulus nicht der Ansicht gewesen wäre, dass auch
für das sittliche Leben der Christen das Gesetz nicht mehr
bestimmende Norm sein könne" [2]. — Insofern es die Sünde
steigert und somit die Erlösungsbedürftigkeit recht fühlbar

---

[1] Vgl. Weiss, bibl. Th.[4], p. 261, Weizsäcker l. l.[2] 130, bes.
Grafe, „Gesetz", p. 9: „νόμος mit oder ohne Artikel ist für Paulus
die alttestamentliche Willensoffenbarung Gottes. Dies ist der eigentliche Sinn". Wenn Paulus Rm 7 1f. (vgl. I Kor 7 39, dagegen Deut
24 1—4 Mtth 5 31 19 8) eine nicht alttestamentliche Bestimmung mit
unter „das Gesetz" befasst, so ist das nur ein Beweis für seine echt
pharisäische Vergangenheit, die ihn den Unterschied zwischen Halacha
und biblischem Gebot übersehen liess.

[2] ibid. p. 21 vgl. auch Weizsäcker l. l.[2] 129.

macht, kommt ihm die Bedeutung einer negativen Vorbereitung auf die neutestamentliche Gnadenordnung zu[1], die aber nach dem Erscheinen des Christus aufgehoben ist.

Und diesem von Gott selbst durch die Sendung seines Sohnes abrogierten Gesetz (Gal 4 4f.) sollte Paulus die autoritative Kraft zuschreiben, christliche Lehre zu beweisen? — Hatten ihm nicht früher dieselben Schriften zum Zeugnis für die jüdischen Dogmata, vielleicht auch gegen das Christentum gedient[2]? Was liess ihn plötzlich einen so ganz andern Sinn darin finden? — Gewisslich hätte ihm das Gesetz allein niemals zu einem Bekenner des Gekreuzigten gemacht. Sehr richtig bemerkt Duhm[3] gegen Hausrath's Ansicht[4]: Paulus habe den Anstoss an dem gekreuzigten Messias durch Jes 53 überwunden, dass der Apostel jedenfalls den sterbenden Christus nicht eher in der Schrift gefunden, als er geglaubt habe, dass der Gestorbene wirklich der Messias gewesen sei. So betont denn auch Grafe wieder mit vollem Recht vor allem intellektuellen Erkennen das Erfahrungsmoment als den eigentlichen Grund seiner Sinnesänderung. — Aber ebenso unverkennbar ist die Thatsache, dass der Apostel dasjenige, was ihm durch inneres Erlebnis zur Gewissheit geworden, später im Alten Testament bezeugt fand.

Am auffälligsten ist, dass er die Waffen zum Kampfe wider das Gesetz dem Gesetze selbst entlehnt hat. Nach der Deutung des Apostels spricht es sich sein eigenes Urteil,

---

[1] Weizsäcker 132, Grafe 17.

[2] Gal 3 13 (Deut 21 23) ἐπικατάρατος πᾶς ὁ κρεμάμενος ἐπὶ ξύλου mochte dem Pharisäer ein zwingender Beweis wider die Messianität Jesu gewesen sein. Und Rm 10 5 6 (Deut 30 12f.) lässt vielleicht noch eine frühere Auffassung der alttest. Stelle durchblicken, nach der sie ihm zum Ausdruck eines Zweifels diente, wie er wohl dem vergeblichen Streben nach Gesetzeserfüllung entstammte. (Weizsäcker l. l.[2] p. 74.)

[3] Pauli apost. de Judaeorum religione indicia etc., Gött. Dissertat., 1873.

[4] Neut. Zeitgesch. II p. 447.

indem es über sich hinaus auf die Erfüllung der Gnaden-
verheissung durch Christus hinweist. ἐξ ἔργων νόμου οὐ δικαιωθήσεται πᾶσα σάρξ ἐνώπιον αὐτοῦ heisst es Rm 3 20 (vgl. Gal 2 16)
in freier Wiedergabe von Ps 142 2 [1]; wiederholt bezeugt vielmehr die Schrift, dass nur der Glaube gerecht macht [2]. —
Auch die alttestamentliche Geschichte muss gegen den
νόμος zeugen. Schon die zeitliche Posteriorität des Gesetzes
im Verhältnis zur Verheissung (Rm 4 9 ff.), welche gleich
einem rechtskräftig gewordenen Testament jeder späteren
Verordnung gegenüber unabänderlich feststeht (Gal 3 15—17),
ferner die indirekte Art, wie das Gesetz an die Menschheit
gelangte im Gegensatz zu der persönlichen Gnadenverheiss-
ung Gottes an Abraham (Gal 3 18 f.), sowie endlich die
Aengstlichkeit, mit der Moses sein Antlitz verhüllte πρὸς τὸ
μὴ ἀτενίσαι τοὺς υἱοὺς Ἰσραὴλ εἰς τὸ τέλος τοῦ καταργουμένου, beweisen deutlich genug die Minderwertigkeit des Gesetzes

---

[1] LXX: οὐ δικαιωθήσεται ἐνώπιόν σου πᾶς ζῶν. — πᾶσα σάρξ war
Paulus aus Stellen wie Gen 6 12 Jes 40 5 6 u. a. geläufig, und ἐξ ἔργων
νόμου fügte er seinem Zwecke entsprechend — nach jüdischer Manier,
wie wir sahen — hinzu.

[2] Rm 1 17 = Gal 3 11 (Hab 2 4). Dieser alttestamentliche Spruch
erscheint im Talmud als die Quintessenz aller Gebote, vgl. Delitzsch,
hor. hebr. et talmud., Ztschr. f. luth. Th. u. K. 1877, p. 12 f. Auch
Ebr 10 38 findet er sich. Hier ist jedenfalls, mag das μου hinter
δίκαιος (nach LXX A) zu halten sein oder nicht, ἐκ πίστεως zu ζήσεται
zu ziehen, während δίκαιος eventuell durch μου näher bestimmt wird;
wohingegen Rm 1 17 der Zusammenhang die Verbindung δίκαιος ἐκ
πίστεως erfordert. Es kommt dem Apostel auf die universelle Heils-
kraft des Evangeliums an; diese folgert er daraus, dass dasselbe eine
δικαιοσύνη darbiete, die in der πίστις wurzle und gipfle (ἐκ-εἰς vgl.
Ps 83 8), bei der es also nur auf Glauben ankomme; so stehe ja auch
geschrieben, dass der aus Glauben Gerechte (i. Ggstz. zu einer ver-
meintlichen Gerechtigkeit, die sich auf Abstammung von Abraham
oder auf Werke beruft) zum ewigen Leben gelangen soll. Das μου
hinter πίστεως liess Paulus wohl aus, weil es bei seiner Auffassung
missverständlich war. Doch konnte er es als gen. obj. (vgl. Rm 3 22
Gal 2 16 3 22) leichter stehen lassen, wenn er ἐκ πίστεως zu ζήσεται zog,
als bei der andern Verbindung. — Vgl. ferner Rm 4 3 = Gal 3 6 (Gen
15 6) Rm 4 6—8 (Ps 31 1 f.) Rm 10 11 (Jes 28 16) Gal 3 8 (Gen 12 3).

4*

der Verheissung gegenüber und seine Vergänglichkeit. — Nach
Art von Mtth 19 3—9 [1] bietet Paulus Rm 10 5—9 die Rechtfertigung einer Abweichung vom Gesetz aus dem Gesetze
selbst: Moses hat die Erlangung des Lebens von der Erfüllung
der Gesetzesgerechtigkeit abhängig gemacht (Lev 18 5); aber
unwillkürlich hat er doch schon selbst Zeugnis ablegen
müssen für das Heil, das aus dem Glauben quillt. Das
findet Paulus Deut 30 11—14 angedeutet. Er giebt, wie
das dreimalige τοῦτ᾽ ἔστιν zeigt, einen Midrasch zu dieser
Stelle [2]. Im alttestamentlichen Zusammenhang besagt sie,
dass die göttlichen Gebote, die Moses dem Volke vermittelte,
dem Menschen nicht so ferne liegen, nicht so himmelhoch
über ihm stehn, dass er sie nicht erfüllen könnte, sondern
vielmehr seinem innersten Wesen ganz entsprechen und
ihm gewissermassen selbst auf der Zunge liegen. Paulus
setzt für die ἐντολή Christus ein, indem er den Satz ἐγγύς
σου τὸ ῥῆμά ἐστιν ἐν τῷ στόματί σου καὶ ἐν τῇ καρδίᾳ σου als das
ῥῆμα τῆς πίστεως bedeutend auffasst, als deren Inhalt er Jesus
und seine Auferweckung hinstellt.

Aber nicht nur den Streit wider das Gesetz, auch seine
positive Lehre gründet er auf die Schrift. Den Korinthern
hat er vor allem andern verkündet, dass Christus „in Gemässheit der Schriften" für unsre Sünden gestorben ist, und
dass er begraben und, wiederum „in Gemässheit der Schrif-

---

[1] Vgl. Weizsäcker l. l. p. 595.
[2] Derselben scheint schon vor dem Apostel von den Rabbinen
ein anderer Sinn untergelegt worden zu sein, vgl. baba mezia (bei
Schöttgen, hor. hebr. et talm. etc. II 1733, zu Gal 1 8), wo uns vielleicht viel alte Ueberlieferung erhalten ist, heisst es ad verba Deut
30 12 non in coelo est lex. Quid sibi volunt haec verba? Respondit
R. Jeremias: quum iam lex nobis de monte Sinai data sit, non ex-
spectamus bath kol. — Und Philo's Deutung kann geradezu als eine
Vorstufe für die paulinische angesehen werden. De posteritate Caini
(M I 241 R II 23), vgl. auch de praem. et poen. (M II 421 R V 235)
heisst es: καὶ δὴ πλησίον καὶ ἐγγύς τὸ Ἀγαθόν, οὐ γὰρ ἂν ἀπείναι,
φησίν, εἰς οὐρανόν, οὐδὲ πέραν θαλάσσης ἀφεικέναι δεῖ κατὰ ζήτησιν τοῦ
καλοῦ, ἐγγὺς γὰρ καὶ πλησίον ἵστασθαι ἑκάστῳ.

ten" am dritten Tage wieder auferweckt wurde (vgl. I Kor
15 34 vgl. Rm 1 2). Dass der Apostel hier die Belegstellen
nicht ausdrücklich anführt, erklärt sich einfach daraus, dass
ihre Kenntnis zu dem elementaren Wissen eines Christen
gehörte, das er bei seinen Lesern voraussetzen konnte, zumal da er es ihnen selbst vermittelt hatte [1]. Sie werden
sich in erster Linie an Jes 53 (vgl. bes. V. 8 1 5 9 12) erinnert gefühlt haben [2]. Welche Stellen ihnen sonst noch
vorschweben konnten, erfahren wir am besten aus den Anführungen in der Apostelgeschichte. Act 13 31—37 werden
dem Paulus noch Ps 2 7 Jes 55 3 und Ps 15 10 (vgl. auch
Act 2 27) [3] als Beweise für die Schriftgemässheit der Auferstehung in den Mund gelegt. — Bei der näheren Bestimmung τῇ ἡμέρᾳ τῇ τρίτῃ dachte man bisher gewöhnlich an
Hos 6 2 b [4]: ἐν τῇ ἡμέρᾳ τῇ τρίτῃ ἐξαναστησόμεθα. Krenkel (Beiträge etc. 1890, 386—394) hat indessen noch auf eine andre
Stelle aufmerksam gemacht, auf die man sich beziehen konnte.
Paulus, meint er, habe an das Wort Basil β 20 5 gedacht, das
er aber vielleicht auch Jes 38 5 gelesen hatte. Dem kranken
Hiskia wird in der alttestamentlichen Erzählung durch Jesaia
der Trost zuteil: τῇ ἡμέρᾳ τῇ τρίτῃ ἀναβήσῃ εἰς οἶκον κυρίου.
Da sich dieser König auch im übrigen zu einem Messias-
Typus eignete [5], meint Krenkel, so habe man den Spruch

---

[1] Gegen Heinrici I 476: der allgemeine Hinweis auf die
Schrift mache unwahrscheinlich, dass Paulus an bestimmte Stelle
habe erinnern wollen.

[2] Auf dieses Kap. bezieht sich ja Paulus auch sonst wohl. Vgl.
Rm 10 16 4 25.

[3] οὐκ ἐγκαταλείψεις τὴν ψυχήν μου εἰς ᾅδην οὐδὲ δώσεις τὸν ὅσιόν
σου ἰδεῖν διαφθοράν ist im Psalm von Gesamt-Israel gesagt und soll die
Bewahrung vor dem Grabe überhaupt bedeuten.

[4] Mtth 12 39f.: die typische Verwertung der Jonasgesch. ist wohl
späteren Datums; Lc 11 29 f. findet sie sich nicht. Auch hat Strauss
mit Recht darauf hingewiesen, dass die drei Tage im Bauche zu der
Auferstehung am dritten Tage nicht passen wollen.

[5] Vgl. Basil β 18 3: καὶ ἐποίησε τὸ εὐθὲς ἐν ὀφθαλμοῖς κυρίου
κατὰ πάντα, ὅσα ἐποίησε Δαυὶδ ὁ πατὴρ αὐτοῦ.

leicht auf Christus beziehen können. Berücksichtigt man, worauf gleichfalls Kreukel aufmerksam macht, dass in der ältesten christlichen Tradition Auferstehung und Himmelfahrt wohl zusammenfielen, so musste es in der That sehr nahe liegen, die Stelle in dem bezeichneten Sinne aufzufassen.

Auch sonstige Thesen über Christus hat der Apostel auf die Schrift zurückgeführt; so z. B. dessen Darstellung als des zweiten, pneumatischen Adam im Gegensatz zu dem psychischen 1 Kor 15 45: οὕτως καὶ γέγραπται· ἐγένετο ὁ πρῶτος ἄνθρωπος Ἀδὰμ εἰς ψυχὴν ζῶσαν, ὁ ἔσχατος εἰς πνεῦμα ζωοποιοῦν. — Hier ist zunächst zu betonen, dass auch der zweite Teil dieses Wortes durchaus mit unter das γέγραπται fällt[1]. Hausrath[2] findet darin Bezugnahme auf Gen 1 26 f., während der erste Teil des Citates auf Gen 2 7 zurückgehe. In der Weise fanden die jüdischen Midraschim[3], insbesondere aber die alexandrinische Theologie[4] in den beiden ersten Kapiteln der Genesis zwei verschiedene Schöpfungen berichtet, 1 26 f. die des himmlischen Adam und 2 7 die des irdischen. Paulus teilt nun offenbar diese Vorstellung von einer doppelten Schöpfung, aber er giebt eine andre Begründung derselben. Gen 1 26 hat er ja nach 1 Kor 11 7 (εἰκὼν θεοῦ) nicht auf den himmlischen Adam, sondern auf den Stammvater der Menschheit bezogen[5]. Dem Richtigen kommt Schöttgen[6]

---

[1] Gg. Calvin, Bengel, Kautzsch vgl. Weizsäcker l. l. 572: hier seien Glosse u. Text für Paulus zusammengewachsen; Heinrici I 538: der Apostel habe überhaupt nicht das alttest. Wort als solches im Sinne gehabt.

[2] l. l. II 479; vgl. Pfleiderer, Paulin.², p. 117 ff., Schmiedel, Exc., p. 168 u. a.

[3] Vgl. Schöttgen p. 670 f., Nork, Rabbin. Quellen u. Parall. z. nt. Schr. 1839, 263 f., Siegfried 221 284 308.

[4] Bei Philo, vgl. Hausrath II 153, Siegfried ibid. u. 242.

[5] Freilich ist Philo, wie ich nachträglich sehe, inkonsequent genug, das κατ᾽ εἰκόνα θεοῦ Gen 1 27 auf den irdischen Menschen zu beziehen, de plantat. M I 332 R II 118; auch quis ver. div. heres M I 481 R III 15.

[6] l. l. 671 f.

nahe, wenn er schreibt: miramur vero Lightfootum non vidisse,
ubi exstent verba ὁ ἔσχατος Ἀδάμ, ἐγένετο εἰς πνεῦμα ζωοποιοῦν.
Leguntur enim Gen 2 7. Paulus findet in der That in dieser
einen Stelle den Bericht von einer doppelten Schöpfung.
Nur ist es nicht richtig, wenn Schöttgen meint, er übersetze חיים נשמת mit ψυχήν ζῶσαν und חיה נפש mit πνεῦμα ζωοποιοῦν, sondern es verhält sich umgekehrt[1], aber wohl so,
dass der Apostel sich überhaupt nicht des Urtextes, sondern
einer griechischen Version bediente. Die Septuaginta übersetzt: καὶ ἐνεφύσησεν εἰς τὸ πρόσωπον αὐτοῦ πνοὴν ζωῆς (חיים נשמת),
καὶ ἐγένετο ἄνθρωπος εἰς ψυχήν ζῶσαν (חיה נפש). Symmachus und
Theodotion geben das erste Glied mit ἔπνευσεν ... ἀναπνοήν
ζωῆς wieder. Und schon die LXX scheint an dieser Stelle
verschiedene Lesarten gehabt zu haben[2]. Auf einer solchen
Variante fusst dann wohl auch das paulinische πνεῦμα ζωοποιοῦν,
indem der epexegetische Genitiv ζωῆς nicht eigentlich quali-
tativ, sondern als prägnanter Ausdruck einer Thätigkeit
gefasst wurde[3]. — Paulus bietet also hier ein ähnliches
Interpretenkunststück, wie z. B. die Kabbalisten[4], welche
durch die verschiedenen Verben Gen 1 26 f. עשׂה und ברא
auch verschiedene Adamserschaffungen bedeutet glaubten.

Ferner ist dem Apostel die Dauer der messianischen
Herrschaft in der Schrift bestimmt. I Kor 15 25 schliesst
er aus Ps 109 1, dass Christus nach Unterwerfung aller seiner
Feinde das Regiment dem Vater wieder abtreten werde.

Aber auch seine zeitweilige Unterstellung unter das
Gesetz (Gal 4 4: γενόμενος ὑπὸ νόμον) ist ihm Schriftlehre.
Wir haben nämlich in dieser Stelle höchst wahrscheinlich

---

[1] Gen 1 20 f. bezeichnet ja חיה נפש (ψυχαὶ ζῶσαι) lebende Wesen
überhaupt.

[2] Philo leg. all. III M I 119 R I 170: ἐνεφύσησε γὰρ εἰς τὸ
πρόσωπον αὐτοῦ πνεῦμα ζωῆς, ebenso quod det. pot. insid. M I 207
R I 290. Aber de plantat. M I 332 R II 148 ἐνέπνευσε ... πνοὴν ζωῆς.
— Sap. 15 11 vereinigt beide Lesarten. Vgl. Hatch, Essays in bibl.
Greek, p. 147 ff.

[3] Vgl. übrigens πνεῦμα ζωτικόν Sap. 15 11.

[4] Vgl. die Stelle aus Sohar chadasch bei Schöttgen 671.

eine Anspielung auf Jes 9 6 (bzw. 5 c) zu erblicken [1]. Schöttgen [2] giebt die Paraphrase des Targum des Jonathan zu dieser Stelle רביל קבל: איריתי עלוי למטר = et suscepit legem in se, ut observaret eam. Man sah also in der משרה des Jesaia die Thora, und diese Deutung gestatteten besonders auch die Uebersetzungen des Aquila (μέτρον) und Symmachus (παιδεία), oder sie setzten dieselbe vielmehr voraus. Dass aber Paulus Gal 4 4 auf diese Stelle Bezug nimmt, wird noch wahrscheinlicher, wenn man das unmittelbar vorhergehende ἐξαπέστειλεν ὁ θεὸς τὸν υἱὸν αὐτοῦ γενόμενον ἐκ γυναικός mit den übrigens bei Septuaginta, Aquila und Symmachus gleichlautenden Worten: υἱὸς ἐδόθη ἡμῖν · Jes 9 6 b und mit Jes 7 14 vergleicht, der Verheissung der Geburt des Immanuel aus der עלמה [3].

Die Schrift ferner ist es auch, die dem Apostel das Beweismaterial für die allgemeine Sündhaftigkeit des Menschengeschlechts (Rm 3 4 10—18 20) und die Eitelkeit aller irdischen Weisheit (I Kor 1 19 31 2 9 16 3 19 b 20) bietet. Und die Berufung der Heiden (Rm 9 25 f. 10 19 f. 15 9—12 21) sowie die Verwerfung der Juden als solcher (Rm 2 24 9 7—9 9 10—13 15 17 11 8—10), ihre nur partikulare Erwählung (Rm 9 27 29 11 3 f.), auch den Geistesempfang (Gal 3 14 vgl. Joel 2 28 f.) endlich eschatologische Dogmata, wie die schliessliche Bekehrung von Gesamt-Israel (Rm 9 26 f.), die Vernichtung von Tod und Sünde (I Kor 15 51 ff.) und das allgemeine Endgericht (Rm 14 11) gründet er auf alttestamentliche Worte.

Christliche Institutionen findet er im Alten Testament vorbedeutet (I Kor 10 2: Taufe; V. 3 f. [4]: Abendmahl) und

---

[1] Masor. ירתי המשרה על שכם. LXX: οὖ ἡ ἀρχὴ ἐγενήθη ἐπὶ τοῦ ὤμου αὐτοῦ. Aquil.: καὶ ἐγένετο τὸ μέτρον ἐπὶ ὤμου αὐτοῦ. Symm.: καὶ ἔσται ἡ παιδεία ἐπὶ τοῦ ὤμου αὐτοῦ.

[2] l. l. p. 745, vgl. Weber l. l. p. 361.

[3] Dies wird von Paulus richtig mit γυνή wiedergegeben, wohingegen LXX παρθένος hat. Aquil., Symm. u. Theod. bieten νεᾶνις, was nach Irenäus (vgl. Euseb. histor. eccl. V 8 4, ed. Zimm. p. 332) die Jungfräulichkeit nicht postuliert.

[4] Zu V. 4 vgl. den Anhang unten p. 85 ff.

wendet gerne Begriffe des jüdischen Ritus bildlich auf das
christliche Leben an (1 Kor 5 7: Passahlamm; Rm 12 1 15 16:
Opfer; I Kor 3 16 u. a.: Gottes Tempel; vgl. auch I Kor
9 13 10 18).

Seine Sittenregeln liebt er gleichfalls in Schriftcitaten
zu geben (Rm 12 19 f. 13 9 b vgl. Gal 5 14 Rm 15 2 ff. I Kor
9 9 14 34 II Kor 6 16 ff. 8 15 9 6 7 9 f.), sodass es fast den An-
schein hat, als lege er dem alten Gesetzeskodex nach seiner
moralischen Seite normative Geltung bei.

Und dieser Eindruck wird noch verstärkt durch die
Prädikate, die der Apostel bisweilen der Schrift beilegt.
Nach einigen Aussprüchen fällt sie ihm mit der göttlichen
Vorschung zusammen. Die Schrift gewährt Standhaftigkeit
und Trost, Eigenschaften, die von Gott stammen (Rm 15 4f.).
Sie ist es, die durch Elias redete (Rm 11 2 b f.) [1]. Sie
sah den Heilsratschluss Gottes voraus (Gal 3 8) und traf
dem entsprechend ihre Massregeln (ibid. V. 22). Bei solchen
Aeusserungen über die Schrift kann es uns kaum wunder
nehmen, wenn der Apostel I Kor 4 6 sich den Satz seiner
judenchristlichen Gegner anzueignen vermag: τὸ μὴ ὑπὲρ ἃ [2]
γέγραπται [3].

Aber schon dieses Wort lässt es vermuten, dass er für
sich und Apollos ein besonderes Schriftverständnis in Anspruch nimmt gegenüber demjenigen der Gegner: es ist das
pneumatische im Gegensatz zum grammatischen. Wiederholt stellt er πνεῦμα und γράμμα einander gegenüber. Rm
2 29 redet er von der περιτομὴ καρδίας ἐν πνεύματι οὐ γράμ-
ματι, und II Kor 3 6 nennt er sich einen Diener des neuen

---

[1] Vgl. ausserdem Rm 4 3 9 17 10 11 Gal 4 30, auch I Kor 9 8 14 34
II Kor 6 2 Gal 3 16.

[2] So B A א C gegen D u. a.: ὅ.

[3] Bei dieser Auffassung von I Kor 4 6, die Weizsäcker p. 346
andeutet, ist die Ausscheidung der Worte ἵνα-γέγραπται (Holsten) oder
die Streichung von τό-γέγραπται als einer Annerkung, dass das zweite
μή (vor εἰς), das in D wirklich fehlt, in der Vorlage des Abschreibers
nachträglich über dem α des zweiten ἵνα hinzugeschrieben war (Baljon
s. bei Schmiedel) durchaus unnötig.

Bundes οὐ γράμματος, ἀλλὰ πνεύματος· τὸ γὰρ γράμμα ἀποκτέννει,
τὸ δὲ πνεῦμα ζωοποιεῖ. — Diese Unterscheidung wendet er nun
zwar hier nicht direkt auf das Gesetz an, wie Pfleiderer
meint (Paulin.[2] p. 90): der „Dienst des Geistes“ umfasst
mehr als das pneumatische Verständnis des Alten Testaments, aber er schliesst doch auch dieses ein (vgl.
Weizsäcker l. l. p. 596): er führt zum wahren Verständnis der göttlichen Satzungen und lehrt, dass nicht die buchstäbliche, sondern die „Beschneidung am Herzen, im Geist“
die gottgewollte sei (vgl. auch Rm 12 1). — Die Gegner
betonten wieder und immer wieder den Buchstaben des
Gesetzes; Paulus hingegen lässt nur das freie Walten des
Geistes gelten[1]: er ist die Quelle dogmatischer und sittlicher
Erkenntnis. Der Geist, der alles ergründet (I Kor 2 10),
dringt auch ein unter die Oberfläche der Schriften, in ihren
tieferen Gehalt und findet dort wieder, was ihm die eigene
Divination eingegeben hat. Gunkel[2] meint, dass die richtige Auslegung des Alten Testaments in der Anschauung
des Apostels ebenso zu den pneumatischen Gaben gehört
haben werde, wie die Erklärung der Glossolalie. Pneumatiker aber ist der Apostel selbst in ganz besonderem
Masse (I Kor 7 40 b 14 18)[3]. Er behauptet von sich den
Geistesbesitz in gleicher Weise, wie es Philo that, der
namentlich sein Verständnis des verborgenen Schriftsinns
auf den Geist zurückführte[4].

Doch sehen wir uns nun vor allem die paulinische
Schriftauslegung einmal näher an.

Was dabei dem modernen Denken wohl zuerst auffällt,
ist „die unhistorische Lokalmethode“, nach welcher der Zu-

---

[1] Vgl. dazu Weizsäcker l. l. p. 113 f.

[2] Die Wirkungen des heiligen Geistes nach der populären Anschauung der apostol. Zeit und nach der Lehre des Apostels Paulus,
Gött. 1888, p. 27 65.

Weitere Stellen bei Gunkel l. l. p. 63 f.

[4] Vgl. Zeller, Die Philos. d. Gr., III 2³, p. 352 A. 1. Auch
Siegfried l. l. p. 165.

sammenhang des Schriftworts mit der Person, von oder zu
der es gesprochen, oder die Umstände, unter denen es zuerst gebraucht wurde, gänzlich unberücksichtigt bleiben, so
dass ihm des öftern ein von dem ursprünglichen durchaus
verschiedener Sinn vindiciert wird. Das war damals all-
gemeiner Brauch, bei Griechen[1] und Juden[2] in gleicher
Weise üblich und ist aus der pietätvollen Scheu vor dem
Altertum, dem man die grösste Weisheit zutraute, und aus
dem Inspirationsglauben zu erklären. Beiläufig sei noch
bemerkt, dass es diese Methode natürlich nur befördern
konnte, wenn man sich daran gewöhnte, die Stellen ausser-
halb ihres originellen Zusammenhangs in einer Art von
Konkordanz zu lesen. — Bei Paulus nun finden wir derartige Verschiebung des ursprünglichen Sinnes in solchem
Masse, dass es leichter ist, diejenigen Stellen zu zählen, wo
er ihn treu gewahrt[3], als diejenigen, wo er ihn hat fahren
lassen. Letzteres thut er z. B., wenn er Rm 2 24 das Wort
des Jesaia (52 5): dass Gottes Name unter den Heiden um
der Juden willen gelästert werde, als Vorwurf fasst, während im Munde des Propheten die Juden doch nur unschul-
dige Veranlassung sind. Und klingt es nicht fast, als ob
er sich bewusst wäre, in der Citatenreihe Rm 3 10—18 Worten eine universelle Geltung beigelegt zu haben, die ursprünglich alle mehr oder minder partikular gemeint waren, wenn
er V. 19 gewissermassen zur Rechtfertigung sagt: οἴδαμεν δέ,
ὅτι ὅσα ὁ νόμος λέγει τοῖς ἐν τῷ νόμῳ λαλεῖ, ἵνα πᾶν στόμα
φραγῇ καὶ ὑπόδικος γένηται πᾶς ὁ κόσμος τῷ θεῷ[4]? — Charak-

---

[1] Vgl. Hatch in der dritten seiner Hibbertvorlesungen über
Griechentum und Christentum, deutsch v. Erwin Preuschen, Freib.
1892, p. 36—61: griech. u. christl. Auslegung.

[2] Vgl. ausser den Thesen von Surenhus bes. Weber l. l.
p. 84 f. 116.

[3] So z. B. viell. II Kor 9 9 vgl. Ps 111 9 und dazu Baethgen
(zu Ps 112 3).

[4] Vgl. ferner Rm 9 13 (Mal 1 2 f. sind die Volksstämme gemeint);
Rm 9 25 f. (Hos 2 23 ist von dem götzendienerischen Israel die Rede);

teristisch auch in dieser Hinsicht sind die Stellen, die er auf Christus bezieht. Rm 10 6—8 wurde schon besprochen, und I Kor 10 4 betrachten wir im Anhang. Aber auch Rm 11 26 f. und 15 3 gehören hierher. Rm 9 33 deutet P. Worte auf Christus, die ursprünglich auf Jahve selbst bezogen sein wollten. Am merkwürdigsten aber ist die Stelle Gal 3 16. Abraham und seinem Samen sind die Verheissungen gegeben; diesem göttlichen Pakt wird nichts hinzugefügt oder abgezogen: er lautet auf καὶ τῷ σπέρματι [1], und dieser Singular bezeichnet Christus. — Die Argumentation ist dem Apostel sehr ernst. Das κατὰ ἄνθρωπον λέγω darf man nicht als Entschuldigung einer schlechten Beweisführung ansehen (Hieronymus): es bezieht sich nicht auf die Interpretationsmethode, sondern leitet eine Analogie aus dem täglichen Verkehrsleben ein. Proben ähnlicher Auslegungen bei den Rabbinen giebt Surenhus [2] auch für solche Fälle, wo wie bei σπέρμα in der generellen Bedeutung „Nachkommenschaft" der Plural des betreffenden Wortes ungewöhnlich ist. Im Urtext ist hier sicherlich Abrahams leibliche Nachkommenschaft gemeint, also das Volk Israel. Gerade diesen Sinn aber will der Apostel hinwegdeuten. Giebt er dem Worte an anderer Stelle (Rm 4 16 9 8) unter Wahrung des Collektivbegriffes von σπέρμα eine geistige Bedeutung, so leugnet er hier diesen Begriff, um dem Verse einen metaphysischen Sinn abzugewinnen: die Beziehung auf den einen präexistenten [3] Christus. Die Urgierung des Singulars scheint mir die Auffassung Tholuck's [4], nach welcher Christus hier nur als die mystische Einheit der Gemeinde in Betracht

Rm 9 27 f. (Jes 10 22 f. handelt sich's wohl um ein Trostwort); Rm 14 11 (Jes 15 23 ist von der Bekehrung der Heiden die Rede) u. v. a.

[1] Gen 13 15 17 17 8 (auch 12 7 b 15 18).

[2] l. l. lib. III. thes. XXII p. 84 ff. 574 ff. Man sagte: die Schrift rede פרטים καὶ ἀκρίβειαν. Vgl. Philo zu Gen 17 16 M I 600 R III 186 de mutat. nom. Siegfr. l. l. p. 305.

[3] Dagg. spricht nicht das ἄχρι οὗ ἔλθῃ τὸ σπέρμα V. 19; denn das ἔλθῃ hat sein Correlat in ἐπαγγέλλεται ὁ θεός 4 6.

[4] l. l. p. 65 76. Vgl. auch v. Hofmann, Comment., p. 82 f.

käme, auszuschliessen. Der Gedanke lag infolge von V. 28 f. allerdings sehr nahe. Indessen ist doch auch gerade hier als das eigentliche σπέρμα Christus bezeichnet, und seine Gläubigen fallen nur, insofern sie ihm angehören, mit unter diesen Begriff. — Uebrigens hatte Paulus für seine Auslegung vielleicht eine Vorlage in der rabbinischen Exegese von Gen 4 25: Wettstein notiert verschiedene Stellen aus den Rabboth, wo das σπέρμα ἕτερον auf den Messias bezogen wird.

Das Spiritualisierungsbestreben des Apostels tritt namentlich auch in seiner typischen Verwertung alttestamentlicher Begebenheiten hervor. Hier gilt es: ταῦτα δὲ τύποι ἡμῶν ἐγενήθησαν I Kor 10 6, oder wie es V. 11 heisst ταῦτα δὲ τυπικῶς συνέβαινεν ἐκείνοις, ἐγράφη δὲ πρὸς νουθεσίαν ἡμῶν, εἰς οὓς τὰ τέλη τῶν αἰώνων κατήντησεν. Correspondierende Züge (V. 2 3 f.) des christlichen Gemeindelebens und israelitischer Erlebnisse in der Wüste lassen die Vorbildlichkeit des Gesamt-Volkes Israel für die ἐκκλησία τοῦ θεοῦ erkennen. Das soll den Christen zur Warnung dienen, denn ebenso wenig, wie die Teilnahme an den Segnungen des Alten Bundes an sich die Gottwohlgefälligkeit einschloss (V. 5), genügt die blosse Zugehörigkeit zum Christentum zur Vollkommenheit (V. 6 ff.): ὥστε ὁ δοκῶν ἑστάναι βλεπέτω μὴ πέσῃ (V. 12). —

Nicht um nackte Thatsachen handelt sich's in den alttestamentlichen Erzählungen, sondern um ihren pädagogischen Gehalt, ihre Moral. „Hagar und Sarah, Ismael und Isaak sind ihm nicht blasse Gestalten, sondern die ewigen Typen der Menschheit" [1]. Das lehrt uns die sonderbare Stelle Gal 4 22 f. [2]. Die beiden Weiber des Abraham bedeuten den doppelten Bund, den Gott mit der Menschheit geschlossen hat. Die Sklavin, aus der Ismael durch Zeugung geboren ward, stellt das durch den Sinai-Bund unter das Gesetz geknechtete irdische Jerusalem und seine Kinder, d. h. Israel

---

[1] Hausrath l. l. II 406.
[2] vgl. Gen 16 1 21 2 9 17 16 19 21 18 10.

als solches dar. Die Freie aber, die durch göttliche Verheissung Mutter wurde [1], ist das Abbild des himmlischen Jerusalem [2], der Christenheimat. Diese Darlegung ist nicht etwa als erbauliche Betrachtung gemeint; sie will nicht als geistreicher Einfall des Apostels verstanden sein, nicht als blosser Vergleich: sondern sie beansprucht, als der wahre, ursprünglich intendierte Sinn der Geschichte zu gelten. Das geht aus der Art hervor, wie der Apostel seine Auslegung begründet. — V. 25 lautet: τὸ δὲ Ἅγαρ Σινᾶ [3] ὄρος ἐστὶν ἐν τῇ Ἀραβίᾳ. Dies fassten Beza, Calvin u. a. Ausleger so, dass die Agar einen Typus des Berges Sinai darstellen solle, und fanden in der Erwähnung Arabiens einen nachdrücklich betonten Gegensatz zum heiligen Lande. Dagegen macht Meyer-Sieffert mit Recht auf den neutralen Artikel τό vor Ἅγαρ aufmerksam, der nicht sowohl auf die Person der Sklavin, als auf die Benennung hinweist. Es kann in der That nichts anderes gemeint sein, als dass das Wort Ἅγαρ hier den Berg Sinai bedeute, wobei jedenfalls die arabische Bezeichnung hadjar für Fels nicht ohne Einfluss war. Weiterhin aber berechtigte zu dieser Gleichsetzung auch die Lage des Sinai in Arabien, in dem Lande der Nachkommen Agar's [4]. — Dann fährt der Apostel fort: συστοιχεῖ δὲ τῇ νῦν Ἰερουσαλήμ, δουλεύει γὰρ μετὰ τῶν τέκνων αὐτῆς. Hagar kann

[1] Vgl. Philo leg. all. III M I 131 R I 187: Ἰσαὰκ ἐγέννησεν ὁ κύριος αὐτός· γὰρ πατήρ ἐστι τῆς τελείας φύσεως.

[2] Vgl. zu der Vorstell. vom oberen Jerusalem Hen 90 29 Apc Bar 4 IV Esr 13 36 Ebr 12 22 Apc Joh 3 12 21 2 toff., Schöttgen I p. 1210, Weber p. 37 197 386, auch Schürer II² 451f., Dieterich, „Abraxas", 1891, p. 138—141. — Stellen wie Hos 11 9 Ez 40 48 Jes 49 16 Cant 8 5 Ps 121 3 wurden darauf bezogen.

[3] So mit A B D E 37 73 u. a. W.-H. gegen א C F G 17 La Ti: τὸ γὰρ Σινᾶ. — Hilgf. will Σινᾶ streichen (auch Lips. scheint dem nicht abgeneigt); doch ist es fast allgemein bezeugt.

[4] Nach Gen 16 11 floh Hagar nach dem Sinai zu, und nach Gen 25 12—18 I Paral 5 19 Ps 82 7 I Macc 5 39 Bar 3 23 waren die Ismaeliten Araber. Vgl. auch Justin Apol I 62: Moses hütet die Schafe des Jethro, des Midianiters, im arab. Lande; nach Gen 37 25 Judic 8 24 gehören die Midianiter zu den Ismaeliten.

also ferner auch mit dem irdischen Jerusalem zusammengestellt werden: hier ist offenbar mehr an die Stellung der Sklavin gedacht, als an ihren Namen. Ein gemeinsames Merkmal vereint die beiden Begriffe der Sklavin und des irdischen Jerusalem: das ist die Knechtschaft [1]. Somit wäre denn die Berechtigung, Agar als Typus des unter das Gesetz gebannten Israel zu betrachten, dargethan. — Dem entspricht auf der anderen Seite das freie obere Jerusalem mit seinen Angehörigen. Die Beziehungen zwischen Sarah und der himmlischen Zion, der Christenmutter, werden durch Anführung eines Prophetenwortes angedeutet. Die „Kinderlose" Jes 54 1 bezieht der Apostel auf Sarah als Repräsentantin der oberen Gottesstadt im Gegensatz zu der fruchtbaren Sklavin, dem Typus des Gesetzesvolkes. Diese Deutung lag um so näher, als bei Jesaia selbst kurz vorher [2] (51 2) Sarah als Mutter des geretteten Zion erscheint. Auch die weiteren Züge der Erzählung passen zu dieser Deutung. Ismael verfolgte Isaak [3]: so feinden die Juden die Christen an. — Darum gilt denn auch ihnen das gottbestätigte Verdammungsurteil, das die Sklavin samt ihrem Sohne traf: ἔκβαλε τὴν παιδίσκην καὶ τὸν υἱὸν αὐτῆς· οὐ γὰρ μὴ κληρονομήσει ὁ υἱὸς τῆς παιδίσκης μετὰ τοῦ υἱοῦ τῆς ἐλευθέρας [4]. — Darum — das ist die Nutzanwendung der ganzen Geschichte — sollen sich die Galater nicht unter das Joch des Gesetzes zwingen lassen, damit sie nicht dem Fluch verfallen. —

---

[1] συστοιχεῖν wird nicht auf den gleichen Zahlenwert der Buchstaben zu beziehen sein, so dass wir hier ein Beispiel von Gamatria hätten (Grossmann, Lipsius), sondern will nach dem Gebrauch der Pythagoräer von der Zugehörigkeit zu derselben Begriffsreihe verstanden werden (Meyer-Sieffert, Lightfoot). Sarah und das obere Jerusalem sind die entsprechenden ἀντίστοιχα.

[2] Zumal wenn 52 12—53 13 nicht an seiner jetzigen Stelle stand, vgl. Duhm, Jes. p. 378. Sonst aber wäre vielleicht anzunehmen, dass Paulus die beiden Stellen bereits anderswo vereint vorfand.

[3] Paulus folgt hier unbiblischer Tradition. Vgl. darüber den Anhang unten p. 97.

[4] Dies sind Worte Sarah's, die aber von Gott gebilligt werden, Gen 21 10 12.

Paulus nennt die Erzählung eine Allegorie (V. 24). Aber
er führt sie als solche nicht ganz konsequent durch. Anfangs zwar will es scheinen, als habe er den historischen
Sinn der Geschichte ganz aufgegeben: Agar ist ihm der
Sinai. Aber im Folgenden wird dann doch wieder auf Agar
und Ismael als historische Persönlichkeiten reflektiert; das
zeigt namentlich das ὥσπερ τότε V. 29. — So geht der Apostel
im Grunde hier über die typische Deutung nicht hinaus.
Und so verhält es sich auch mit den meisten andren Stellen,
die er spiritualisiert. Rm 9 7—13 ist ihm der Bericht von
der Erwählung Isaak's auf Kosten des Ismael und die des
Jakob zu Ungunsten Esau's eine typische Darstellung der
unbedingten Freiheit der göttlichen Gnadenwahl [1]. Bemerkenswert ist dabei noch, dass er, ganz wie es ihm gerade
passt, die Namen dort, wo sie Individuen bezeichnen, kol-
lektiv deutet, dort hingegen, wo sie die nach den Stamm-
vätern benannten Völker meinen, auf die Stammväter bezieht. — Auch die Art, wie Paulus den göttlichen Bescheid,
der nach der Schrift dem Elias auf seine verzweifelte Klage
zuteil ward, auf die Gegenwart anwendet (Rm 11 5: οὕτως
οὖν καὶ ἐν τῷ νῦν καιρῷ), zeigt deutlich, dass er über seiner
Auslegung den ursprünglichen Sinn nicht ausser Acht liess.
Die Begebenheiten, von denen uns das Alte Testament berichtet, haben sich alle so zugetragen, wie sie uns dort er-
zählt werden. Aber aufgeschrieben wurden sie uns doch
nicht um der blossen Thatsachen willen, sondern wegen ihres
pädagogischen Gehaltes, ihrer praktischen Anwendbarkeit
auf die Gegenwart [2]. — Und insofern die Schrift diese An-

---

[1] Philo führt leg. all. M I 104 f. R I 149 f. zum Beweise dafür,
dass Gott ἐνλόγως καὶ πρὸ τῆς γενέσεως καλῶς διαπλάττει καὶ διατίθεται
καὶ κλῆρον ἔχειν ἄριστον προήγγυται erst den Isaak und dann den Jakob
im Gegensatz zu Esau an.

[2] Vgl. noch II Kor 11 3. — Auch die Citate, welche bloss deko-
rierende oder illustrierende Bedeutung zu haben scheinen (vgl. I Kor
1 31 2 9 3 19 20 5 13 6 16 10 26 [= Dt 32 17] 14 25 [= Jes 45 14] 15 32 II Kor
4 6 [= Jes 8 22] 9 9 10 17) verdanken ihre Anführung doch letztlich der

wendbarkeit ihrer Geschichten und Sprüche auf spätere Verhältnisse voraussah und intendierte, enthält sie Weissagung [1]. —

Aber es findet sich doch ein Citat bei Paulus (I Kor
9 9), dem er einen tieferen geistigen Sinn unterlegt mit Ausschluss des buchstäblichen. Das geschieht, wenn er bei Erwähnung des mosaischen Gebotes (Deut 25 4) οὐ κημώσεις [2]
βοῦν ἀλοῶντα fragt: μὴ τῶν βοῶν μέλει τῷ θεῷ ἢ δι’ ἡμᾶς
πάντως λέγει; und dann selbst die Antwort giebt: δι’ ἡμᾶς . . .
ἐγράφη [3], ὅτι ὀφείλει ἐπ’ ἐλπίδι ὁ ἀροτριῶν ἀροτριᾶν καὶ ὁ ἀλοῶν
ἐπ’ ἐλπίδι τοῦ μετέχειν. Wenn man hier hinter βοῶν ein μόνον
ergänzt, so ist das eine Ein- und keine Auslegung. So freilich
lich würde es sich hier nur um einen Schluss a minori ad
majus handeln, um eine Anwendung der rabbinischen Regel
קַל וָחֹמֶר „wie das Leichte, so das Schwere [4]“. Diese Erklärung haben Surenhus und viele andere nach ihm in der
That gegeben. Aber von dem μόνον steht eben nichts da;
vielmehr sagt der Apostel ausdrücklich δι’ ἡμᾶς πάντως λέγει:
da bleibt für den buchstäblichen Sinn kein Raum.

Höchst auffällig ist ferner die Thatsache, dass der
Apostel einzelnen Stellen einen mehrfachen Sinn zuschreibt.
Dass er das σπέρμα des Abraham, dem die Verheissung gilt,
verschieden deutet, wurde schon besprochen (vgl. oben p. 60).

Anschauung, dass alles, was geschrieben steht, nur um der Christen
willen aufgezeichnet wurde.

[1] Vgl. übrigens zu dem Abschnitte noch Hausrath II 414 ff.
[2] So B D F G Ti Treg Kautzsch gegen A ℵ C La W-H:
φιμώσεις (LXX).
[3] Man hat in ἐγράφη eine Citationsformel sehen wollen und den
folgenden Spruch für ein Apokryphon oder ein Logion gehalten. So
Resch (l. l. p. 105 171 ff.), der auch dieses Wort für sein Urevangelium vindiciert, in Anbetracht der starken Abweichungen der
übrigen herangezogenen Parallelen aber denn doch zugeben muss, dass
der Apostel sehr frei citiere. Ich meine, dass durch die Wiederholung
des ἀλοῶν die Beziehung auf das unmittelbar vorhergehende Deutero-
nomiumcitat zu deutlich ist, als dass man anderes vermuten dürfte.
[4] Vgl. Weber l. l. p. 107.

Es ist sicherlich verkehrt, wenn Lipsius (zu Gal 3 16) meint.
Paulus habe die eine Auslegung zu Gunsten der anderen fallen
lassen: er hat sie beide mit Bewusstsein neben einander aufrecht gehalten. Ist dies doch nicht der einzige Fall einer
mehrfachen Schriftdeutung. Hatte der Apostel II Kor 3 13
die Decke, welche Moses auf sein Angesicht legte, im
eigentlichen Sinne genommen[1], so ist sie ihm V. 14 der
Schleier, den die Juden über der Vorlesung „des alten
Bundes" liegen lassen, um seine Vergänglichkeit zu ver-
bergen, und V. 15 f. die undurchdringliche Hülle, die ihre
Herzen umgiebt, sie der Wahrheit unzugänglich macht und
erst dann fällt, wenn sie sich Christus zuwenden (vgl. Ex
34 31a 35c). — Und war Moses oben der ängstliche Hüter
einer Schein-Herrlichkeit, so ist er hier (vgl. V. 18), wie I Kor
13 12, wo eine deutliche Anspielung auf Num 12 6—8 vorliegt[2], das Vorbild der klaren, unmittelbaren religiösen Erkenntnis der Christen, die erst in jenem Leben vollendet wird.

Doch wie kam Paulus zu dieser Schriftdeutung? War
sie ein selbsterdachtes Mittel, möglichst viele Stellen
des Alten Testaments für seine Lehre geltend machen zu
können? Oder trieb ihn ein vorgefasstes Dogma: dass das
Alte Testament Weissagung enthalte, zu künstlicher Auslegung? — Keins von beiden; sondern das damalige „praktische Uebergewicht der Methode, nach welcher man die
alte Litteratur symbolisch und allegorisch erklärte", bildete

---

[1] Nach dem ältest. Bericht vgl. Ex 34 33 35 legte übrigens Moses
die Hülle erst dann an, wenn er mit dem Volke geredet hatte. Also
ist Paulus hier ungenau: nur so konnte er Moses die Absicht zuschreiben, dem Volke den Unbestand der alttestamentlichen Herrlich-
keit vorzuenthalten.

[2] Schöttgen, Meuschen, Wettstein, Nork notieren
zu I Kor 13 12 rabbinische Stellen, in denen zwischen einem klaren
und trüben Spiegel unterschieden wird: die Propheten empfingen ihre
Gesichte durch einen trüben Spiegel, Moses hingegen durch einen
klaren. Eine ähnliche Vorstellung in Verbindung mit Num 12 8:
στόμα κατὰ στόμα λαλήσω αὐτῷ (scil. Μωυσῇ), ἐν εἴδει καὶ οὐ δι' αἰνιγμάτων) schwebte dem Apostel vor.

die Grundlage des Gebrauches, den der Apostel vom Alten
Testamente macht. — Hatch hat uns in seiner erwähnten
Vorlesung[1] ganz vortrefflich geschildert, wie seit dem fünften
Jahrhundert vor Christus, da „die Kluft zwischen der alten
Religion und den neuen Ideen von Tag zu Tag grösser
wurde", in der Auslegung der alten Mythen und Dichtungen,
vor allem des Homer[2], gestützt auf die Symbolik der
Mysterien sich eine Methode ausbildete, die in dem uralten
Schriftwort moderne Gedanken physikalischer, religiöser und
sittlicher Art versteckt fand; wie insbesondere die Stoiker
Heraclides und Cornutus aus der ersten Hälfte des ersten
christlichen Jahrhunderts, beide in apologetischem Interesse,
dieser, um die Weisheit der Alten, jener, um ihre Fröm-
migkeit zu retten, die Methode der Allegorie handhabten,
und wie sich dieselbe dann unter griechischem Einfluss in
Aegypten, hier vielleicht vorbereitet durch die längst nicht
mehr allgemein verständlichen Hieroglyphen, auch den Juden
mitteilte, die sich bei der Annahme der griechischen Philosophie dem Pentateuch gegenüber in der gleichen Ver-
legenheit befanden, wie die hellenischen Zeitgenossen dem
Homer. — Philo besonders ist es, der sich bemüht, im
Alten Testament einen tieferen, einen geistigen und metaphysischen Sinn nachzuweisen[3]. Dabei bleibt zwar im Allgemeinen der Wortsinn anerkannt. Bei den Patriarchen-
geschichten und bei dem Berichte über die Wüstenwanderung
handelt es sich um thatsächliche Ereignisse, und auch die
Gesetze behalten gewöhnlich ihre buchstäbliche Bedeutung:
aber das wichtigere ist doch die ὑπόνοια, der allegorische
Sinn. Man findet ihn nach ganz bestimmten κανόνες τῆς
ἀλληγορίας, die aber nur unter göttlicher Begeisterung ge-
handhabt werden können. Die Entscheidung darüber, wann
der Wortsinn aufzugeben, und wann er zu halten sei, er-

---

[1] Vgl. aber auch andere, z. B. Siegfried l. l. p. 9—16.
[2] Vgl. auch die Homerinterpretation der Hypatia in Kings-
ley's nach ihr betiteltem Roman Kap. 8.
[3] Zum Folgenden vgl. Siegfried l. l. p. 160 ff.

fordert vor allem den richtigen Takt dafür, was Gottes würdig ist. Sollte er sich Ex 22 26 f. wirklich um ein blosses Obergewand bekümmert haben (M I 634 R III 234)? — Inbezug auf die Opfervorschriften heisst es: οὐ γὰρ ὑπὲρ τῶν ἀλόγων ὁ νόμος, ἀλλ' ὑπὲρ τῶν νοῦν καὶ λόγον ἐχόντων, ὥστε οὐ τῶν θυομένων φροντίς ἐστι, ἵνα μηδεμίαν ἔχοι λώβην, ἀλλὰ τῶν θυόντων, ἵνα περὶ μηδὲν πάθος κηραίνωσιν. — Wie stark erinnert Paulus daran mit seiner Frage: μὴ τῶν βοῶν μέλει τῷ θεῷ (I Kor 9 9)! Auch die Allegorie I Kor 10 4 wird nicht zum mindesten durch die Geschmacklosigkeit des wörtlich verstandenen haggadischen Berichtes veranlasst sein. — Wie dem Apostel das singularische σπέρμα, so hat auch dem Philosophen die Einzahl τέκνον in Gen 17 16 als Anknüpfungspunkt für allegorische Auslegung gedient (M I 600 R III 186). Bei ihm konnte der Apostel auch das Muster für seine allegorisierende Etymologie von Agar finden[1]. — Ob aber Paulus nun thatsächlich inbezug auf seine Schriftauslegung bei dem Alexandriner in die Schule ging, die Frage muss hier noch offen bleiben[2]. Es sei nur noch auf die Verschiedenheiten hingewiesen, die indessen keineswegs so erheblich sind, dass sie eine Abhängigkeit des Apostels von Philo ausschlössen. Dass Paulus zwischen den Verfassern der biblischen Schriften unterscheidet und einen sichtlichen Wert darauf legt, das Zeugnis von Gesetz und Propheten, womöglich auch noch der dritten Schriftengattung für sich zu haben, während für Philo dieser Unterschied wegfällt[3], wäre

---

[1] Vgl. das Verzeichnis bei Siegfried p. 192—196. Aehnliches freilich auch bei den griech.-heidnischen Philosophen ibid. p. 11. Bei Philo ist Agar (παροίκησις) die vorbereitende Wissenschaft ibid. p. 193; sie giebt die προπαιδεύματα für den Zustand der Vollendung (M I 170 R I 239): so heisst auch im Gal.-Br. das Gesetz unser παιδαγωγός εἰς Χριστόν (3 24).

[2] Darüber ist angesichts der starken Verbreitung allegorischer Hermeneutik in der damaligen Zeit nur durch Untersuchung der litterarischen Beziehungen zwischen dem Apostel und dem Philosophen Klarheit zu gewinnen, mit denen sich der Anhang beschäftigen soll.

[3] Vgl. Siegfried l. l. p. 161.

nur ein Beweis dafür, dass in dem Apostel die palästinen-
sische Rabbinenschule nicht allen Einfluss an den Alexandrinismus verlor. Und wenn er die typische Deutung vor
der eigentlich allegorischen bevorzugt, so könnte das auf
denselben Grund zurückzuführen sein.

Darin stimmt Paulus mit Philo wiederum überein, dass
ihm das Wissen um den tieferen Schriftsinn ein esoterisches
ist. Er bedient sich desselben Gleichnisses von der Milch
im Gegensatz zur festen Speise [1], um die höhere und tiefere
Erkenntnisstufe zu unterscheiden. Und dass auch ihm die
Einsicht in den verborgenen Schriftsinn als integrierender
Bestandteil der vollkommenen Erkenntnis gilt, erhellt schon
aus dem reichen Gebrauch, den er selbst von seinem Charisma
der Schriftdeutung macht. Die Schrift ist der Spiegel, der
uns die unmittelbare Anschauung vorab ersetzen muss.
Aber sie redet in Rätseln [2], die nicht jeder lösen kann, deren
Verständnis vielmehr einen gewissen Grad der „Vollkommenheit" [3] voraussetzt. Der Apostel redet vom Christentum, so
weit es religiöses Erkennen ist, als von einer Art Mysterium.
Es ist sehr bezeichnend, dass er, unmittelbar nachdem er die
pneumatischen Fähigkeiten behandelt hat, gleichsam zusam-
menfassend von μυστήρια und γνῶσις spricht (I Kor 13 2). Unter
diese Begriffe fällt auch die Schriftdeutung. Baur [4] hat nach
Neander's Vorgang darauf aufmerksam gemacht, dass der
Barnabasbrief unter γνῶσις vor allem „die geistige Auffassung

---

[1] Vgl. den Anhang unten p. 95. — An das andere Bild, mit
dem Philo de sacrif. Ab. et Caini M I 170 R I 240 die niedrigere
Stufe schildert (ὀσμὴ ἡδεῖα ἐκ τῆς περὶ τὴν θεωρίαν γλαφυρότητος)
erinnert die ὀσμὴ γνώσεως II Kor 2 14.

[2] Plutarch sagt von den alten Dichtern, sie hätten δι' αἰνιγμάτων
höhere Wahrheit gelehrt (vgl. die bei Siegfried p. 10 citierten
Stellen; auch Philo de somn. l. II M I 659 R III 270).

[3] Es ist sehr wahrscheinlich, dass τέλειος (z. B. I Kor 2 6) der
griechischen Mysteriensprache entlehnt ist, wo es denjenigen bezeich-
nete, der in die Geheimnisse völlig eingeweiht war, so zuletzt wieder
Curtius, vgl. unten p. 83.

[4] Die christl. Gnosis, Tübingen 1835, p. 86 f.

der alttestamentlichen Lehren und Gebote" versteht[1]. Μωϋσῆς δὲ ἐν πνεύματι ἐλάλησε leitet (c. 10 2 9) von dem mosaischen Gebot zu seiner allegorischen Auslegung über, bedeutet also, dass Moses im Bilde geredet habe[2]. Diesen verborgenen Sinn aber — heisst es dann V. 10 — hat David erfasst (λαμβάνει...γνῶσιν)[3]. Hier sind offenbar ἐν πνεύματι λαλεῖν und γνῶσις Correlativa, die sich auf allegorische Rede und Deutung beziehen. Baur glaubt nun aber einen „wenigstens sehr verwandten" Begriff von γνῶσις selbst schon im Neuen Testamente nachweisen zu können[4] und beruft sich dafür auf den Gebrauch dieses Wortes im 8. Kapitel des ersten Korintherbriefs, insofern auch hier darin „ein solches religiöses Wissen" liege, „durch welches erst das, was auf einer niedrigeren, untergeordneten Stufe noch mit mangelhaften und beschränkten Vorstellungen verbunden ist, auf seinen wahren Begriff gebracht wird". In der Stelle bei Paulus handelt sich's um den heidnischen Götterglauben. „Dieser wird Gegenstand der Gnosis, wenn die Realität desselben, sein religiöser Wert von einem höheren Standpunkt aus, dem christlichen, zum bestimmten Bewusstsein kommt." Ist aber dies der eigentliche Begriff der Gnosis: das Wissen um das Verhältnis einer niederen Vorstellung zu einer höheren, so passt diese Bezeichnung in besondrer Weise auf die Allegorie. Nicht ohne Wahrscheinlichkeit vermutet darum Baur, dass der λόγος γνώσεως (I Kor 12 8 vgl. 14 6)[5] einen Vortrag bezeichne, „der hauptsächlich den inneren Zusammenhang der christlichen Religionsökonomie mit der alttestamentlichen zum Gegenstand hatte und das, was im Alten Testament erst vom Christen-

---

[1] Für einen ähnlichen Sinn auch bei I Clemens vgl. Wrede, Untersuch z. 1 Clem., Gött. 1891, p. 81 ff., auch Harnack zu I Clem 1 2.

[2] Vgl. vers. lat.: Moses in figura locutus est, vgl. auch πνευματικῶς Apc Joh 11 8.

[3] Vgl. auch Kap. 9 8.

[4] l. l. p. 90--94.

[5] Nach Rothe z. D.[2] p. 191 stand die προφητεία „unverkennbar zu dem Bedürfnis des Schriftverständnisses in bestimmter teleologischer Beziehung."

tum aus im rechten Lichte aufgefasst und erkannt werden
konnte, darzulegen und wohl auch mit Hilfe der Allegorie
aufzuklären suchte". — Somit würde denn die Schriftauslegung zu jenen geheimnisvollen Fähigkeiten gehören, die
der göttliche Geist unmittelbar in den Gläubigen erzeugt.
So erklärt sich auch am besten die ausserordentliche Mannig-
faltigkeit in der Art der Auslegung. Unter unbewusster
Beeinflussung seiner symbolsüchtigen Zeit, vielleicht angeregt
durch Philo's spiritualisierende Methode, hatte Paulus das
alttestamentliche Schriftwort als die Hülle tieferer, urchrist-
licher Wahrheit zu betrachten gelernt, die nur dem geist-
erleuchteten Auge den Durchblick gestattet. Ist aber der
Geist der Quell seiner Erkenntnis, so schliesst das ängst-
liches Innehalten einer bestimmten Methode aus. Paulus
hat sich keine Auslegungskanones gebildet wie der Alexandriner. So sicher er bei seinen Deutungen des öfteren durch
Reminiscenz an frühere Interpreten geleitet wurde: er hat
selbst doch allemal den Eindruck unmittelbarer Eingabe von
seinem Schriftverständnis gehabt.

Noch ein kurzes Wort über die Citationsformeln. —
Man hat gemeint, dieselben als Indicien dafür betrachten zu
können, wie der Apostel seine Anführungen gewertet wissen
wolle. Wäre dem so, dann hätten sie nicht an dieser
Stelle behandelt werden dürfen. Aber sie sind für das
richtige Verständnis der Bedeutung, die der Apostel seinen
Citaten beilegt, belanglos und können deshalb in appendice
besprochen werden.

Winer[1] meint, καθώς und ὡς in angefügten Sätzen
drücke mehr Erläuterung als eigentliche Begründung aus.
Man müsste demnach annehmen, das mit der bei Paulus
am häufigsten vorkommenden Formel: mit καθὼς γέγραπται[2]
eingeleitete Citat solle nur illustrieren, nicht beweisen.

---

[1] Grammat.[7] p. 417.
[2] Vgl. die Zusammenstellung bei Bleek, Ebr. I p. 375 ff. —
An einigen Stellen folgt noch ein ὅτι. Dieses gehört zuweilen zu
dem Citat, wo es ursprünglich kausalen Sinn hatte. Paulus behielt

Das ist aber offenbar unrichtig. — Die Stellenkette
Rm 3 10—18 will sicherlich als Autoritätsbeweis für die allgemeine Sündhaftigkeit genommen sein (vgl. V. 19); gleichwohl ist sie mit καθὼς γέγραπται citiert. Und auch in dem
ebenso eingeführten Citat Rm 11 26f. handelt sich's doch um
schriftmässige Begründung der These von der schliesslichen
Bekehrung Gesamt-Israels bei der Wiederkunft Christi. Ein
Gleiches gilt von 15 9. Es wird sich schwerlich eine andere
Bedeutung dieser Citate nachweisen lassen als bei den mit
γέγραπται γάρ eingeführten Stellen, der nach καθὼς γέγραπται
bei Paulus am häufigsten vorkommenden Formel[1]. Und dieser
Gebrauch entspricht genau der rabbinischen Citationsweise;
denn שנאמר und כדכתיב leiten in den Midraschim und im
Talmud sehr häufig die Beweisführung aus der Schrift ein[2].
Die Erwägung ferner, dass der Apostel recht viele Citate
ohne jegliche Formel giebt, und zwar nicht nur da, wo er
sie zur Zierde der eigenen Rede einfügt[3], sondern zuweilen
auch dann, wenn er aus dem Schriftwort argumentiert[4],
lehrt uns, dass es für die Würdigung des einzelnen Citates
ganz gleichgiltig ist, ob der Apostel es mit einer Formel
einleitet oder ohne dieselbe giebt. Gal 3 11 ist die gleiche
Habakukstelle ohne Formel citiert, welche Rm 1 17 mit
καθὼς γέγραπται eingeführt wird, und gleichermassen wird,
Jerem 9 23 bei der Citation I Kor 1 31 mit, II Kor 10 17 hingegen ohne Formel gegeben[5].

Wohl aber ist — das sahen wir bereits an Ausdrücken
wie λέγει ἡ γραφή — die Citationsweise wichtig für die Be-

es dann bei, indem er es als Anführungs-ὅτι verwandte. Vgl. Rm
4 17 8 36.

[1] Vgl. Rm 12 19 14 11 I Kor 1 19 2 9 3 19f. Gal 3 10 13 4 22 27, vgl.
auch οὕτως καὶ γέγραπται I Kor 15 45, ἐν τῷ νόμῳ γέγραπται I Kor 14 21.

[2] Vgl. Surenhus lib. I thes. l. Weber l. l. p. 83.

[3] So z. B. Rm 11 34 12 16f. I Kor 2 16 5 13 15 32 II Kor 9 7.

[4] Vgl. Rm 9 7 10 13 I Kor 10 20 15 25f. II Kor 13 1.

[5] Vgl. übrigens auch Toy l. l. p. XXXI: we must be guided by
sympathy with the feeling of the writers, rather than by definitions
that we may attach to the formulas.

urteilung der Stellungnahme des Apostels zur Schrift als
Ganzem. Und so mag sie uns denn hinüberleiten zu dem
letzten Teil unserer Untersuchung, der in der Hauptsache
nur zusammenfasst, was schon vorher erläutert wurde: zu der
Besprechung des Wertes und der Bedeutung des Alten
Testaments für den Apostel.

III.

Bleek hat unbedingt recht, wenn er meint, dass die
Citationsformeln des Ebräerbriefs die betreffenden Schriftstellen viel bestimmter als Aussprüche Gottes und des göttlichen Geistes bezeichnen[1], als die der paulinischen Briefe.
Das Alte Testament ist dem Ebräerbrief Gottes Wort im
eigentlichsten Sinne. Für die Verfasser zeigt er ebenso
wenig Interesse als Philo[2]. Anders bei Paulus. Wir sahen
bereits, dass er die jüdische Unterscheidung zwischen Thora,
Nebiim und Kethubim aufrecht erhält. Einige Male führt
ja auch er Moses[3], Jesaia[4] oder David[5] redend ein. Moses
gilt ihm als der Verfasser des Gesetzes[6]; und wie mensch-
lich klingt es, wenn es von dem Propheten heisst: Ἡσαΐας
δὲ ἀποτολμᾷ καὶ λέγει Rm 10 20! — Aber dennoch ist ein
bedeutsamer Ansatz zur absoluten Inspirationslehre unverkennbar. Rm 9 15 25 II Kor 6 2 16 f. ist es Gott, der redet.
Ist aber die Citationsweise hier, wie Bleek bemerkt, noch

---

[1] Das unbestimmte λέγει, εἶπεν, εἴρηκεν, μαρτυρεῖ etc. hat Gott zum
Subjekt, zuweilen bei Stellen, in denen von Gott in der dritten Person
die Rede ist 1 7 ff. 4 4 7 7 21 10 30 b. Vgl. dazu auch Siegfried, Philo
322 f., v. Soden, Einl. z. Ebr.-Br. im H.-C. — I Clem. und Barnab.
stehen mit ihren Citationsformeln zwischen Paulus und dem Ebr.-Br.
Vgl. die Bemerkungen in der Ausgabe von Gebh.-Harn.-Zahn zu
I Clem 3 1 Barn 2 3. Nach Justin redet der prophet. Geist durch
Moses und die anderen Propheten ἀπὸ προσώπου τοῦ πατρός oder τοῦ
Χριστοῦ oder λαῶν ἀποκρινομένων τῷ κυρίῳ, vgl. Apol. I 36.

[2] Vgl. Siegfried p. 161.

[3] Rm 10 19 vgl. V. 5.

[4] Rm 9 27 29 10 16 20 f. 15 12.

[5] 4 6 11 9.

[6] Vgl. I Kor 9 9 II Kor 3 15 Rm 5 14. Vgl. Grafe l. l. 12.

ganz natürlich, insofern an diesen Stellen auch nach dem alttestamentlichen Zusammenhang Gott thatsächlich als der Redende erscheint, so kann ein Gleiches von Rm 15 10 (καὶ πάλιν λέγει) vgl. Gal 3 16 und I Kor 6 16 (φησίν) nicht gesagt werden. Hier haben wir es mit derselben unbestimmten Citationsweise zu thun, in welcher wir ein Merkmal alexandrinischer Inspirationstheorie erkannten, insofern sie das menschliche Moment hinter dem göttlichen gänzlich zurücktreten lässt. Auch die bereits besprochene Personificierung der Schrift (vgl. oben p. 57), für welche göttliche Prädikate vindiciert werden, entstammt dieser Anschauungsweise.

Was sich somit schon aus den Einführungsformeln erkennen liess, lehrt vollends der an einer Reihe von Proben dargelegte Gebrauch, den der Apostel vom Alten Testament macht: es enthält für ihn durchaus göttliche Offenbarung. — Freilich wenn irgend sonst, so gilt es hier: ψυχικὸς δὲ ἄνθρωπος οὐ δέχεται τὰ τοῦ πνεύματος τοῦ θεοῦ . . . . ὅτι πνευματικῶς ἀνακρίνεται (I Kor 2 14). Israel hat seine heiligen Schriften nicht zu verstehen vermocht, da es sich, seinem psychischen Wesen entsprechend, nur an die sinnliche Erscheinung des Buchstabens hielt. Diesem buchstäblich gefassten und deshalb missverstandenen Gesetz gilt das strenge Urteil des Apostels im Galaterbrief; an sich ist der νόμος ἅγιος und πνευματικός (Rm 7 12 14). — Man hat die schroffere, „konsequentere" Art, wie der Apostel im Galaterbrief vom Gesetze redet, gegenüber der milderen Beurteilung, die es in dem Schreiben an die römische Gemeinde erfährt, für die zeitliche Posteriorität des ersteren geltend machen wollen, so zuletzt Clemen[1]. Dagegen hat bereits Grafe[2] mit Recht die Uebereinstimmung der beiden Briefe „in der Hauptsache . . in der Behauptung von der Aufhebung des Gesetzes für den Christen" betont. Er greift die frappanteste Stelle, die von gegnerischer Seite angeführt wurde: Rm 7 10

---

[1] Die Chronologie der paulinischen Briefe, Halle 1893, p. 256 bis 263.

[2] l. l. p. 31 f.

vgl. Gal 3 21 heraus und weist darauf hin, dass die Bezeichnung ἡ ἐντολὴ ἡ εἰς ζωήν im Römerbrief, in welcher nach
Clemen dem Gesetze gerade das zugestanden wird, was
ihm der Galaterbrief bestreitet: dass es nämlich „lebendig
machen" könne, eine Anspielung auf ein alttestamentliches
Wort enthält. Nach Gen 3 3 war das erste Gebot gegeben
ἵνα μὴ ἀποθάνητε, und Lev 18 5 vgl. Rm 10 5 Gal 3 12 [1] hatte
Gott durch Moses Israel verheissen, dass die Erfüllung
seiner Gebote dauerndes Leben zum Lohne haben solle.
So macht also das Gesetz selbst Anspruch darauf, εἰς ζωήν
gegeben zu sein; und das wollte Paulus Rm 7 10 andeuten.
Dass aber die thatsächliche Wirkung des νόμος die entgegengesetzte war, wird hier nicht minder deutlich gesagt
als Gal 3 21. — Dass Clemen so gründlich irren konnte,
hängt mit einem allgemeinen Mangel seiner Argumentation
zusammen. Er hätte es m. E. nicht unterlassen dürfen,
auf den Gebrauch zu achten, den der Apostel vom Alten
Testamente macht. Hatte sich wirklich zwischen der Ab-
fassung des Römer- und der des Galaterbriefs eine so ge-
waltige Aenderung in der Ansicht des Apostels vom Gesetz
vollzogen, so musste dieselbe auch auf die Art, wie die
alttestamentlichen Schriften bei ihm selbst zur Verwendung
kommen, von merklichem Einfluss sein. Man würde entweder gänzlichen Fortfall der Beziehungen auf das Alte
Testament oder Bevorzugung der Nebiim vor der Thora,
oder doch mindestens einen bedeutsamen Unterschied in der
Auslegung, eine verstärkte Neigung zu spiritualisieren und
vor allem den Wegfall aller Berufung auf das Alte Testament in dem paränetischen Teil des Briefes erwarten. —
Aber von alle dem geschieht nichts, gar nichts. Unter den
11 eigentlichen Citaten des Galaterbriefs stammen zwei aus
den Propheten, eins aus den Psalmen: die übrigen wurden
aus dem Pentateuch entlehnt. Und bei den blossen Anspielungen macht sich das gleiche Uebergewicht der Thora

---

[1] Vielleicht verrät Rm 2 13 ποιηταί dieselbe Reminiscenz.

bemerkbar. — Und alles, was Paulus citiert, ist ihm Autorität. Ob wörtlich verstanden (3 10 12 13), oder nach seinem besonderen Sinn gedeutet (2 16 3 8 11), ob typisch (4 27 30) oder allegorisch ausgelegt (3 16): allemal ist ihm das alttestamentliche Schriftwort beweisend. Und das höchste Sittengebot, das er zu geben weiss, findet er 5 14 wie Rm 13 9 f. in einem Worte der Thora Lev 19 18. Wenn dabei die Liebe als die Erfüllung des Gesetzes dargestellt ist, so unterscheidet sich das von I Kor 7 19, wo die τήρησις ἐντολῶν θεοῦ gepriesen wird, doch nur dadurch, dass in der Stelle des Galaterbriefs durch die Erwähnung der Liebe auf den sittlichen Kern des Gesetzes ausdrücklich hingewiesen ist, an den aber auch 1 Kor 7 19 wohl gedacht sein wird.

Nach alle dem scheint es mir nicht geraten, das übrigens im Vergleich zu den Aeusserungen in dem Sendschreiben an die Römer zweifellos schroffere Urteil des Galaterbriefs über das Gesetz durch die Annahme der Posteriorität des letzteren zu erklären, wie Clemen es thut. Viel richtiger ist sicherlich Grafe's Meinung, der den Unterschied der Beurteilung darauf zurückführt, dass der Apostel sich im Römerbrief mehr auf die ethische, im Galaterbrief hingegen vorwiegend auf die rituelle Seite des Gesetzes beziehe (p. 12 27 ff.). Aber man kann diesen Gedanken vielleicht noch auf die allgemeinere Form bringen, dass sich der Antinomismus des Apostels, wie schon bemerkt wurde, gegen das missverstandene Gesetz, gegen den Buchstaben richtete. In Galatien waren die judaistischen Gegner besonders rege. Den „unverständigen Galatern" muss ihr strenges: „es steht geschrieben" gewaltig imponiert haben. Man lehrte sie den Buchstabendienst, zeigte ihnen das Gesetz als eine Summe von Einzelgeboten und liess vor lauter „du sollst" keinen Raum für die freieren Regungen des Geistes.

Was Wunder, wenn der Apostel des πνεῦμα gegen solche Veräusserlichung zu Felde zieht, mit einem Eifer, der bisweilen das Missverstandene für das Missverständnis mitbüssen lässt.

Aber was er geisselt und verwirft, ist im Grunde doch
nur die verkehrte, durch den Buchstaben zu schwach ge-
stützte Anschauung, dass das Gesetz gerecht machen könne.
— Geistig verstanden behält es auch für den Apostel seine
ewige Bedeutung. Das hat uns die Betrachtung der paulinischen Citation gelehrt. — Das Alte Testament ist für
Paulus ein pädagogisches Geschichtsbuch, das ihm die
Historie der Väter überliefert. Was es berichtet, ist wirklich geschehen; aber aufgezeichnet ist es zur Belehrung der
Christen. Was Israel auf dem Wüstenzuge erlebt und er-
litten, hat es vorbildlich durchgemacht. Das Wunder des
Manna ist eine Mahnung für uns zu gegenseitigem Ausgleich
der materiellen oder geistigen Güter; die Strafen in der
Wüste ebenso viele Warnungen für die Christen. Wie sehr
das Interesse an der praktisch-paränetischen Verwendbar-
keit dieser Erzählungen bei dem Apostel die historische
Akribie der Wiedergabe überwiegt, geht daraus hervor, dass
er des öftern sich gar nicht an die eigentliche Quelle hält.
Er bedient sich nicht nur der Versionen statt des Originals,
sondern folgt oft sekundären Berichten, etwa den Schilde-
rungen der Psalmen oder gar blosser Tradition. Zuweilen
bilden ja gerade unbiblische Züge, mit denen die jüdische
Sage die alttestamentlichen Geschichten ausgeschmückt hatte,
die Handhabe, bei der sie der Apostel fasst, um sie nach
seinem Sinn zu wenden.

Neben der paränetischen Auslegung der Erzählungen
finden sich aber auch einige Stellen, wo Paulus direkt aus-
gesprochene Gebote des Alten Testaments als Lebensregeln
anführt. Das ist vielleicht der deutlichste Beweis dafür,
dass es sich bei der paulinischen Verwerfung des Gesetzes
nur um das missverstandene und nach seiner Wirkung über-
schätzte Gesetz handelt, nicht um das Schriftwort an sich.

Hauptsächlich aber kommt dem Apostel das Alte Testament als Verheissungskodex in Betracht. Dem scheinen
Stellen wie Gal 3 17 zu widersprechen, insofern hier Gesetz
und Verheissung einander entgegen stehen. Doch wir sahen

ja schon, dass es sich hier nur um einen Antagonismus des
Geistes wider den Buchstaben handelt. Der Pneumatiker,
der „Geistiges zu fassen vermag", findet im alttestament-
lichen Schriftwort ganz andres als kasuistische Vorschriften.
Ihm leuchtet überall die Beziehung auf Christus und die
Christen hindurch. Das Alte Testament ist dem Apostel
in der That ein latentes Evangelium. Nicht als ob es für
ihn keine Scheidewand zwischen einem alten und einem neuen
Bunde gäbe: er hat sie deutlich genug aufgestellt (vgl.
II Kor 3). Das ist der grosse Unterschied von dem ersten
Clemensbrief, der in der Verwertung des Alten Testamentes
sonst so vieles mit Paulus gemeinsam hat. „Für Clemens
hat es gar keinen Sinn von einem Gegensatz des Christen-
tums zur vorchristlichen Religion zu reden"[1]: die wahrhaft
Frommen des alten Bundes waren Christen. — Paulus hingegen betrachtet die Gesetzesperiode, den Buchstabendienst
als eine gottgewollte Vorstufe in der Heilsgeschichte. Das
hindert aber nicht, dass ihm der Kodex des alten Bundes
einen tieferen Sinn birgt, der erst nach dem Erscheinen des
Christus zu Tage trat. Durch Christus neu beleuchtet
wurde das „Alte Testament" ein Organ des neuen Bundes.
Wir sahen ja, wie Paulus die festen Grundlagen seines
Glaubens im Alten Testament wiederfand. Dass das nicht
ohne einige für unser modernes Empfinden unerträgliche
Vergewaltigungen der Texteswörter, nicht ohne sinnverän-
dernde Streichung oder Ergänzung und künstliche Auslegung abging, kann uns nicht befremden. In alle dem ist
ja übrigens der Apostel Kind seiner Zeit. Eher könnte
man fragen, warum er überhaupt noch des Schriftwortes
bedurfte und sich nicht an der Stimme des Geistes im
eigenen Innern genügen liess, die er doch nicht minder
als Autorität angesehen wissen wollte[2]. Sicherlich war es
nicht nur Missionsinteresse, das ihn einen durch sein Alter

---

[1] Vgl. Wrede l. l. p. 97.
[2] Vgl. I Kor 5 4 f. 7 40 Gal 2 2 Rm 15 14 ff.

geheiligten Kodex gebrauchen liess, auf dessen Autorität er zur Erhärtung seines Glaubensevangeliums rekurrieren konnte. Mag er freilich dort, wo er seine Leser unter judaistischem Einfluss wusste, mit besonderem Eifer das Zeugnis der Schrift für sich geltend gemacht haben: die Benutzung des Alten Testaments ist ihm doch gewiss auch eigenes Bedürfnis. Man muss bedenken, dass dem Pharisäer das geschriebene Wort einst die absolute Norm gewesen war, die Quelle seiner Glaubensgewissheit: er war viel zu innig mit der Schrift verwachsen, als dass er sich mit einem Male ganz von ihr hätte losmachen können. Wohl mochte die Lichterscheinung zu Damaskus auch auf das Alte Testament einen Strahl senden, der es den Apostel plötzlich ganz anders verstehen lehrte: aber es blieb in diesem neuen Lichte die Autorität, die es gewesen war. Schriften des neuen Bundes gab's ja noch nicht; der Apostel selbst hätte sicher am allerwenigsten daran gedacht, seine Briefe neben das Alte Testament zu stellen. Da lag es denn nahe genug, sich an das Gegebene zu halten und in dem Schriftwort einen Sinn zu finden, der es zu einem christlichen stempelte. Und insofern der Apostel in der mystischen Art seines Empfindens bei dieser Auslegung den Eindruck pneumatischer Eingabe hatte, musste ihm dieser Sinn als der eigentliche und unumstössliche erscheinen.

Anhang.

Altes Testament, Judentum, die von Logien getragene
urchristliche Ueberlieferung und Hellenismus haben die Fäden
und Farben geboten, aus denen das bunte, mannigfache Ge-
webe des Paulinismus gewirkt ward. Vorstellungsgehalt und
Ausdrucksweise schöpfte der Apostel aus den vier bezeichneten Quellen. Nicht als ob wir ihm damit die Originalität
absprechen wollten. Geniale Naturen hat man damit noch
nicht verstanden, dass man sich die Geistesströmungen ihrer
Zeit vergegenwärtigt, die in ihnen zusammentrafen: des
Apostels Evangelium hat „weder in den Beziehungen zum
Hellenismus, noch in der alttestamentlichen Religion, noch
in rabbinischer Theologie, sondern in bestimmten Grund-
erfahrungen seine springenden Punkte." — Aber diese
inneren Erlebnisse hatten doch ihre zeitgeschichtlichen Vor-
bedingungen; und wenn sich der Apostel über die Stimme
seines Innern klar werden, vor allem, wenn er sie auch
andern vermitteln wollte, so musste er notwendigerweise
mit den Begriffen und Ideen seiner Zeit operieren.

Einfluss des rabbinischen Judentums, in dem der
Apostel während seiner vorchristlichen Zeit gelebt hatte,
war a priori anzunehmen und ist auch schon früh nachgewiesen worden.

Nachdem bereits Werke wie Lightfoot[1]. Surenhus,

---

[1] Horae hebraicae et talmudicae. Opera omnia tom. II ed. 2
1699, p. 875—940 (einige Kap. aus Rm. u. I Kor.).

Schöttgen[1], Meuschen, Nork[2], Delitzsch[3] u. a.
manche interessante Parallele zu paulinischen Gedanken in
Targumim, Midraschim und im Talmud entdeckt hatten, gab
neuerdings das aus Weber's Nachlass veröffentlichte Buch[4]
weitere Anregung zu derartiger Arbeit[5]. Doch ist bei der
Schwierigkeit der Datierung der Quellen in der Benutzung
dieses Materials äusserste Vorsicht vonnöten. — Mit dieser
Untersuchung Hand in Hand geht die Prüfung der Bekanntschaft des Apostels mit der deutero- und ausserkanonischen
palästinensischen Litteratur, sowie den jüdischen Apokalypsen,
die bereits Origenes und dann später die beiden byzantini-
schen Väter Syncellus und Photius aus dem 9. Jahrhundert
bei Paulus benutzt fanden[6].

Weiterhin hat man in letzter Zeit auch eine grössere
Anzahl von Herrenworten bei Paulus konstatieren zu können

[1] Horae hebraicae et talmudicae in universum novum testamentum, tom. II, Dresden und Leipzig 1733.

[2] Rabbinische Quellen und Parallelen zu neutestamentlichen
Schriftstellen, Leipz. 1839.

[3] Horae hebraicae et talmudicae, Ergänzungen zu Lightfoot u.
Schöttgen in der Ztschr. für d. ges. luth. Th. u. K. Zu den paulin.
Briefen: Jahrg. 1877.

[4] System der altsynagogalen palästinensischen Theol., herausgeg.
von Fr. Delitzsch u. G. Schnedermann, Leipz. 1880.

[5] Vgl. bes. Pfleiderer, Urchristentum 1887, p. 163 ff., Paulinismus 1890 (Vorwort).

[6] Vgl. für Origenes z. B. in Matth. commentariorum series, ed.
Lommatzsch, tom. V, p. 29; für die beiden andern Steck l. l. p. 228.
Neuerdings hat man Stellen wie Rm 2 15 Gal 5 6 6 15 I Kor 7 19 auf assumptio Moyseos; Rm 10 6 f. auf IV Esr, I Kor 2 9 (vgl. oben p. 44 ff.)
auf apocal. Eliae zurückführen wollen. — Für wörtliche Anklänge vgl.
besonders nach Lipsius', Hilgenfeld's und Loman's Vorgang:
Steck l. l. p. 224—235; auch Hausrath, Neutestamentl. Zeit-
geschichte, 1872, II 408 f. Für Berührungen im Vorstellungsgehalt
besonders mit Henoch, Baruch, Testam. XII Patriarch., Buch der Jubi-
läen etc.: Gfrörer, Das Jahrhundert des Heils, Stuttg. 1838; Everling, Die paulinische Angelologie u. Daemonologie, Gött. 1888;
Kabisch, Die Eschatologie des Paulus, Gött. 1891 u. a., sowie d.
neuen Kommentare.

geglaubt. Während man früher nur in den ausdrücklich als
solchen gegebenen Anführungen eigentliche Logien erblickte[1],
und ausserdem nur hie und da[2] Reminiscenz an derartige
Sprüche vermutete, hat es Resch[3] unternommen, in einer
ganzen Reihe neutestamentlicher Aussprüche, und nicht zum
mindesten auch bei Paulus in ausserkanonischen Evangelien
überlieferte Herrenworte nachzuweisen; mit welcher Wahrscheinlichkeit hatten wir im Verlauf unserer Untersuchung Gelegenheit, an einigen Beispielen zu erproben (vgl. p. 45, 65).

Aber auch griechische Beeinflussung der paulinischen
Gedanken ist nachgewiesen worden. Grotius[4] schon, und
besonders Wettstein, diese immer noch unerschöpfte
Fundgrube für Kommentatoren, notieren neben jüdischen
eine Fülle von griechischen Parallelen aus dem klassischen
und hellenistischen Zeitalter, die manch dunkle Stelle be-
leuchten. Ihre Arbeit wird rege fortgesetzt. Hilgenfeld[5],
Heinrici[6] und Steck[7], dessen Beobachtungen man teilweise annehmen kann, ohne sich das negative Gesamtresultat
anzueignen, fanden Platonismus und Stoa in den paulinischen
Briefen wieder. Auch Philologen reden bei dieser Unter-

---

[1] I Thess 4 15—17 I Kor 7 10 9 14 11 23 ff., Stellen teils eschato-
logischen, teils ethischen Inhalts. Vgl. Weizsäcker, D. apostol. Zeitalter[2], 371.

[2] z. B. Rm 12 14 vgl. Mtth 5 44 (Weiss); II Kor 1 17 Mtth 5 37.

[3] Agrapha, „ausserkanonische Evangelienfragmente" in den Texten
u. Unters. z. Gesch. d. altchr. Litteratur, V. Bd., Heft IV, Leipz. 1889.
Richtiger würde die Arbeit heissen: Fragmente ausserkanon. Evange-
lien, vgl. die Anzeige von Jülicher in der Th.L.Z. 1890, col. 321 ff.
Die in Betracht kommenden Stellen der vier paulin. Hauptbriefe sind:
Rm 3 8 6 3 I Kor 1 25 2 9 4 12 6 17 7 31 9 10 11 18 19 26 13 13 14 34 37
II Kor 7 10 13 5—7 Gal 2 18 3 8.

[4] Hugonis Grotii operum theologicorum tom. III continens anno-
tationes in epistolas apostolicas etc., Basel 1732.

[5] Einl. in d. Neue Testament, 1875, p. 223 A. 3.

[6] l. l. bes. II 592 ff., p. 597 ff. über hellenistisches Sprachgut bei
Paulus.

[7] l. l. bes. p. 249—265 „Seneca". Hier auch frühere Litteratur
zur Frage.

suchung mit: E. Curtius[1] hat jüngst Altes und Neues
hervorgeholt, um uns in Paulus einen „mit hellenischer Bil-
dung vertrauten Geist" zu zeigen, und Dieterich[2] lässt
uns die im Neuen Testament, auch bei Paulus wiederholt
vorkommenden Lasterkataloge als bewusste oder unbewusste
Nachbildungen stoischer Muster erscheinen. Und diese Ent-
deckungen können uns bei einem Autor wie Paulus nicht
überraschen, der sich klassischer Citate bedient und dem
griechische Poesie so geläufig ist, dass sich ihm die eigenen
Worte zuweilen rhythmisch fügen[3].

Wichtiger aber noch ist die Prüfung seiner Bekanntschaft mit der alexandrinisch-hellenistischen Philosophie. Mit

---

[1] „Paulus in Athen", Sitzungsberichte der K. Pr. A. d. W.,
Berlin 1893 XLIII. Begriffe wie συνείδησις, die Idee des μέτρον, die
aus Staatsleben, Rechtspflege, Heerwesen, Wettkampf und Kunstbetrieb
entlehnten Bilder, die auf Mysterien bezüglichen Ausdrücke (τέλειος
z. B.), die Betonung der Freiheit gegenüber dem Buchstabenzwang,
entstammen hellenischem Empfinden. — Einiges übrigens, was hier
geboten wird, ist dem Paulus wohl durch das Judentum vermittelt
worden; so sicherlich die Rm 8 19 ff. zugrundeliegende Vorstellung von
der Verkümmerung der ganzen Natur im Vergleich zu ihrem ursprünglichen Zustande cfr. Henoch 80 2 ff., auch schon Jes 11 6 ff.

[2] „Nekyia", Leipz. 1893, p. 170 f. 175 f.

[3] In I Kor 15 33 ist längst ein Trimeter des Menander wieder erkannt (vgl. die alten Zeugen bei Grotius). Rhythmus entdeckt Heinrici (I p. 20) in I Kor 2 10 b 5 6 vgl. Gal 5 9. Hier seien endlich
noch 2 Stellen notiert, die mir bei Wettstein auffielen. Zu I Kor
14 20 bringt er ein griechisches Proverb, das P. in der That hier vorgeschwebt zu haben scheint. Es lautet: διαφέρει δὲ τοῦ νηπίου καθ'
ἡλικίαν οὐδὲν ὁ ἐν ταῖς φρεσὶ νηπιάζων. — Und zu dem Bilde vom
Wettlauf und Ringkampf liest man bei W. eine Parallele aus Lucian,
die durch die Fülle der mit Paulus gemeinsamen Ausdrücke — ich
unterstreiche dieselben — mit einiger Wahrscheinlichkeit auf eine
von beiden benutzte Quelle schliessen lassen könnte. Lucian, Anachars.
13 heisst es: καὶ αἰσχύνοντες τὰ κάλλη καὶ τὰ μεγέθη τῇ ψάμμῳ καὶ
τοῖς ὕ π ω π ί ο ι ς ὡς μήλου καὶ κοτίνου ἐ γ κ ρ α τ ε ῖ ς γένοιντο νικήσαντες·
εἰπέ μοι πάντες αὐτὸ λ α μ β ά ν ο υ σ ι ν οἱ ἀ γ ω ν ι σ τ α ὶ; οὐδαμῶς, ἀ λ λ'
ε ἷ ς ἐξ ἁπάντων ὁ κρατήσας αὐτῶν ... εἴ', ὦ Σόλων, ἐπὶ τῷ ἀ θ λ ῳ ...
τῆς νίκης πονοῦσι ..... εἰδότες ὅτι ὁ μὲν νικῶν ε ἷ ς ἔσται πάντως, vgl.
I Kor 9 24—27.

Recht hat man einen derartigen Einfluss schon in der
Benutzung der griechischen Septuaginta erkannt, in der
Gfrörer[1] und besonders Dähne[2] Spuren der kosmologi-
schen Philosopheme, ängstlicher Vermeidung anthropomor-
pher und anthropopathischer Züge des Gottesbildes und der
damit wohl zusammenhängenden Ausbildung der Vorstellung
von göttlichen Kräften, kurz die Symptome entdeckten,
welche den Alexandrinismus charakterisieren. Doch die
Einwirkung desselben reicht weiter. Grafe[3] hat in einer
äusserst vorsichtigen, aber nur um so überzeugenderen Untersuchung wohl endgiltig dargethan, dass Paulus mit der
Sapientia Salomonis innig vertraut war, einem Werke,
welches so stark alexandrinisches Gepräge trägt, dass man
es in früheren Zeiten dem Hauptvertreter jener Richtung,
Philo zuschreiben wollte. Das Problem aber, ob der Apostel
auch die Werke dieses Philosophen benutzte, ist noch nicht
entschieden. Wir bemerkten schon im Verlauf unserer
Untersuchung, wie innig sich die paulinische Schriftauslegung
mit der Philo's berührt (vgl. bes. oben p. 67 ff.). —

Hat nun aber Paulus wirklich den Philo gelesen? —
Diese Frage möchte man zunächst wohl zu verneinen geneigt
sein, da sie schon vom chronologischen Gesichtspunkt alle
Wahrscheinlichkeit gegen sich habe. Philo wird zwischen
20—10 v. Chr. geboren sein[4]. Da scheint denn die Annahme etwas gewagt, seine Schriften hätten sich in der
Mitte des ersten christlichen Jahrhunderts bereits einer

---

[1] l. l. II p. 8 ff.

[2] Gesch. Darst. d. jüd.-alex. Philos., 2. Abt., Halle 1834, p. 11—72.
Manche Einzelheiten wurden freilich nach Frankel und Zeller
bes. durch Siegfried l. l. p. 8 18 erschüttert. Doch ist auch nach
ihm in Gen 1 2 ἀόρατος ein Anklang an den κόσμος νοητός gar nicht
zu verkennen. Vgl. auch O. Holtzmann, Neut. Zeitgesch. 1895, p. 60.

[3] „Das Verhältnis der paulinischen Schriften zur Sapientia Salomonis" in den „Theol. Abhandlungen Carl von Weizsäcker gewidmet",
Freib. 1892, p. 253—286. Daselbst auch p. 253—256 Darlegung der
bisherigen Meinungen.

[4] Vgl. Schürer, Gesch. d. jüd. Volkes[2] II 1886, p. 832 f.

solchen Verbreitung erfreut, dass Paulus sie kennen konnte.
Indessen müssen hier Thatsachen, nicht Erwägungen entscheiden. Sollten sich wirklich Berührungen aufweisen lassen,
die eine Abhängigkeit des Apostels von Philo befürworten,
so müsste eben dieses Resultat für die teilweise noch äusserst
unsichere Datierung der philonischen Schriften mitbestim-
mend werden.

Die „Möglichkeit, dass in den Decennien zwischen 50
und 60 n. Chr., der Entstehungszeit unserer Hauptbriefe
nach gewöhnlicher Annahme, einige philonische Ideen und
Schriften bis zu dem historischen Apostel Paulus könnten
gedrungen sein", mag auch S t e c k [1] „nicht leugnen", wenn-
gleich er die von ihm behaupteten Beziehungen zwischen
Paulus und Philo lieber für Unechtheit und spätere Ab-
fassung der Briefe des Apostels geltend machen will. In
Anlehnung an die von S i e g f r i e d [2] aufgewiesenen Parallelen
und an B r u n o B a u e r's [3] Untersuchung hat er eine Zusammenstellung bemerkenswerter Berührungen gegeben. Doch
gewinnt man daraus ebenso wenig wie aus S i e g f r i e d's
Verzeichnis den Eindruck eines zwingenden Beweises der
Abhängigkeit des Apostels von dem jüdischen Philosophen.
Für manche der verglichenen Stellen verweist S i e g f r i e d
selbst auf den Midrasch als gemeinschaftliche Quelle. Wirklich auffallend sind ausser bereits Erwähntem eigentlich nur
die zu I Kor 10 4 und Rm 8 29 notierten Parallelen. Würden
sich derartige Berührungen noch um einige weitere ver-
mehren lassen, so könnten dadurch freilich auch viele andere
der von jenen Forschern verzeichneten Anklänge an Beweiskraft gewinnen.

Zu 1 Kor 10 4, der Deutung des die Kinder Israel

---

[1] l. l. p. 248.
[2] l. l. p. 304—310. Ob Verf. an eine direkte Abhängigkeit
glaubt, wird nicht ganz klar. Was er indessen zu I Kor 4 5 notiert,
scheint dies zu befürworten.
[3] Philo, Strauss u. Renan u. das Urchristenthum, 1874.
[4] H o l s t e n (d. Evangel. d. Paulus, Berlin 1880, I 1, p. 324)

in der Wüste tränkenden Felsen auf Christus lässt sich zunächst viel Aehnliches aus rabbinischer Haggada vergleichen. Dass Paulus sich bei der Wiedergabe der Erzählung nicht an deren älteste Quelle hält, beweist schon der Umstand, dass er die Väter ὑπὸ τὴν νεφέλην (V. 1) die Wüste durchziehen lässt. Mag diese Vorstellung aber noch auf kanonische Sekundärberichte zurückzuführen sein, wie Ps 104 30 [1]: dass der Fels, dem Moses das Wasser entlockte, auf dem Wüstenzuge mitgewandert sei, davon ist in den kanonischen Büchern nichts zu lesen [2]. Hingegen weiss uns das Targum des Onqelos Num 21 18 zu berichten: puteus, quem foderunt principes, quem exciderunt principes populi et scribae baculis suis, qui datus est eis ex deserto [3], ex eo tempore, quo datus est eis, descendit cum eis de torrentibus ad collem et de colle in vallem etc.[4]. So schmückte die Legende jene Erzählung aus, die sich durch das daran geknüpfte kleine Lied dem Gedächtnis besonders eingeprägt haben mochte. Dabei wird das סלקא aus dem עלי des hebr. Liedes herzuleiten sein [5]. Geht nun aber schon dieser Bericht über ähnliche Quellensagen griechischen Ursprungs, wie sie Wettstein zusammenstellt, dadurch hinaus, dass er den Brunnen sein Wasser auch über Berge und Hügel nachsenden lässt, so steigert sich das Wunder geradezu in's

---

will hier von ἐπινον γάρ — Χριστός streichen und die Worte „einem alten Typologen im Geiste des Barnabasbriefes" zuweisen. Dagegen mit Recht Everling l. l. p. 56 f.

[1] Ps 104 30 heisst es: διαπίπτουσι νεφέλην εἰς σκέπην αὐτοῖς. Vgl. auch Ps 113 17 ff. (ὑπεραναπίπτοντες) Sap 10 17 19 7. Anders hingegen Ex 13 21 14 19 b Ps 77 14.

[2] Ein Ansatz zur Steigerung des Wunders ist hier nur in Ps 77 16 (vgl. 106 9. 33) zu finden: κατηγάγεν ὡς ποταμοὺς ὕδατα, der indessen vielleicht nur auf Rechnung dichterischer Ausdrucksweise kommt; doch siehe auch Sap. 11 7 πηγῆς ἀεννάου ποταμοῦ.

[3] So ist irrtümlich das hebr. מִדְבָּר מַתָּנָה Num 21 18 übersetzt.

[4] Die lat. Version ist ungenau, vgl. V. 19 aram.: וּמִמַּתְנָא רְבִיתָא רְבְיָתָא יְהִיבַת לְהוֹן לָהֵן עָמְרִין אָלָא סְלֵיקָא יָמְתִיא עִמְהוֹן וּמֵאֲתַר נְחַת עִמְהוֹן.

[5] Vgl. auch das Targum des Jonathan zu dieser Stelle bei Wettstein.

Absurde, wenn uns ein späterer Midrasch zu Numeri, Bammidbar rabba[1], offenbar unter Vereinigung von Num 20 7—11 und 21 16—18 belehrt: quomodo comparatus fuit ille puteus? Fuit sicut petra, sicut alveus apum et globosus et volutavit se et ivit cum ipsis in itineribus ipsorum (היה מעצבה בתיחבר היה מצדדת בצרבעם). Hier fällt nun sofort die Berührung mit der ἀκολουθοῦσα πέτρα des Paulus in's Auge; die Rabboth werden uns an diesen Stellen ein Stück alter Tradition überliefert haben, aus der auch der Apostel schöpfte. — Aber wie kommt derselbe zu seiner Deutung: ἡ δὲ πέτρα ἦν ὁ Χριστός? Hier reicht es nicht aus, alttestamentliche Stellen zu vergleichen, in denen צור Bezeichnung für Jahve ist[2]: hier hilft am besten Philo weiter. War es schon nach der Sapientia Sal.[3] die göttliche σοφία, die Israel auf seinem Wüstenzuge geleitete, so sagt Philo geradezu in allegorischer Auslegung von Deut 8 14 ff.[4]: ὄφρα καταλαμβάνει ἡ τῶν παθῶν, μέχρις ἂν ὁ θεὸς τῆς ἀκροτόμου σοφίας ἑαυτοῦ τὸ νᾶμα ἐπιπέμψῃ καὶ ποτίσῃ τὴν τραπεῖσαν ψυχὴν ἀμεταβλήτῳ ὑγιείᾳ. Ἡ γὰρ ἀκρότομος πέτρα ἡ σοφία τοῦ θεοῦ ἐστιν, ἣν ἄκραν καὶ πρωτίστην ἔτεμεν ἀπὸ τῶν ἑαυτοῦ δυνάμεων, ἐξ ἧς ποτίζει τὰς φιλοθέους ψυχάς. Ποτισθεῖσαι δὲ καὶ τοῦ μάννα ἐμπίμπλανται τοῦ γενικωτάτου. Καλεῖται γὰρ τὸ μάννα Τί[5], ὅ ἐστιν πάντων γένος. Τὸ δὲ γενικώτατόν ἐστιν ὁ θεός. καὶ δεύτερος ὁ τοῦ θεοῦ λόγος etc. Und zu Deut 32 13 schreibt er[6]: τὴν πέτραν ταύτην ἑτέρωθι συνωνυμίᾳ χρώμενος καλεῖ μάννα τὸν πρεσβύτατον τῶν ὄντων

---

[1] Er enthält, wie die Rabboth überhaupt, viel alte Tradition, wenn er auch selbst erst aus dem 12. Jahrhundert stammt. Vgl. Weber l. l. p. XXIV.

[2] Deut. 32 4 15 18 Jes 17 10 26 4 Ps 78 35 (Masor.); die Septuaginta hat statt dessen entweder θεός, κύριος oder βοηθός.

[3] 10 15—11 8 vgl. Schmiedel H.-C. zu unsrer Stelle.

[4] leg. alleg. II ed. Mangey I, 82, ed. Richter I, 113.

[5] Vgl. Exod. 16 15: εἶπαν ἕτερος τῷ ἑτέρῳ· Τί ἐστι τοῦτο u. dazu leg. alleg. III M I 121 R I 173. Unmittelbar darauf wird die Gleichsetzung des Manna und des Logos auch aus Exod 16 15 bf.: οὗτος ὁ ἄρτος . . . . τοῦτο τὸ ῥῆμα (= λόγος) begründet.

[6] Quod deter. potiori insid. M I 213f. R I 299.

λόγου θεϊου, ὃς ὀνομάζεται τὸ γενικώτατόν Τι. Philo sieht also
in jener πέτρα den Logos; Paulus setzt ihr Christus gleich, —
das ist in der That eine auffällige Verwandtschaft. Aber
möglich wäre es doch auch, dass die Beziehung auf den
λόγος schon vor Philo üblich war [1].

Wir werden uns daher, wenn wir uns nun nach weiteren
Berührungen umsehen, möglichst an wörtliche Anklänge zu
halten haben.

Ein solcher findet sich in der ebenfalls schon von Siegfried und Steck angeführten Parallele [2] zu Rm 8 29 insofern, als der Alexandriner in einem dem paulinischen ganz
ähnlichen Zusammenhang den Logos als τὸν πρωτόγονον bezeichnet, wo der Apostel Christus πρωτότοκος nennt. In
beiden Stellen kommt ausserdem das Wort εἰκών vor. Steck
vergleicht: „Soll nach Rm 8 29 der Christ einst gleichgestaltet
werden dem Bilde des Gottes-Sohnes, damit dieser der Erst-
geborene sei unter vielen Brüdern πρωτότοκος ἐν πολλοῖς ἀδελ-
φοῖς, so mahnt Philo den Menschen, wenn er auch niemals
für würdig erachtet werde, Sohn Gottes zu heissen, doch
sich zu schmücken nach dem Vorbild seines Erstgeborenen,
des Logos κοσμεῖσθαι κατὰ τὸν πρωτόγονον αὐτοῦ λόγον; denn
wenn wir auch noch nicht würdig sind, für Gottes Kinder
gehalten zu werden, so sind wir doch Kinder seines unsicht-
baren Abbildes, des heiligsten Logos, denn Gottes Bild ist
der Logos, sein ältester Sohn . . . θεοῦ γὰρ εἰκών λόγος ὁ
πρεσβύτατος (vgl. II Kor 4 4).“ Freilich Paulus sagt mehr
als der jüdische Philosoph, insofern die Bruderschaft mit
dem πρωτότοκος das gemeinsame Kindesverhältnis Gott gegenüber in sich fasst, welches Philo den Menschen zuzusprechen
sich scheut. Aber sollte darin nicht vielleicht ein bewusstes
Hinausgehen des Apostels über die für ihn doch nur pro-
pädeutisch wertvolle Weisheit des Alexandriners liegen? —

---

[1] Schon vor Philo wurde z. B. der τόπος in Gen 28 11 auf den
Logos bezogen. Vgl. Siegfried l. l. p. 223.

[2] De confus. ling. M I 126f. R II 279.

Die Wahrscheinlichkeit, dass Paulus die in Frage stehende
Schrift Philo's gekannt hat, gewinnt durch eine weitere Berührung der beiden Autoren. II Kor 10 ₄ f. [1], also in jenem Abschnitt des Briefes, in dem er „mit stürmischer Aufwallung"
offen gegen die verleumderischen Feinde vorgeht, sagt Paulus,
die Waffen, mit denen er streite, seien machtvoll für Gott πρὸς
καθαίρεσιν ὀχυρωμάτων, zur Vernichtung der Bollwerke feind-
licher λογισμοί. Zu diesem Ausdruck hat man seit G r o t i u s
gewöhnlich Prov 21 ₂₂ [2] verglichen; doch bietet sich in Philo's
Schrift de confus. ling. eine noch viel frappantere Parallele,
wenn es hier heisst [3]: πρός γε τὴν τοῦ ὀχυρώματος τούτου (scil.
κατεσκευασμένου διὰ τῆς τῶν λόγων πιθανότητος) καθαίρεσιν ὁ
πειρατὴς τῆς ἀδικίας καὶ φρονῶν ἀεὶ κατ' αὐτῆς (= Ἐσαῦ Jud
8 ₉) εὐτρέπισται.

---

[1] Man hat Kap. 10—13 aus dem II Kor.-Brief ausscheiden wollen.
Im Verlaufe der Untersuchung hatten wir es schon wiederholt mit
Stellen aus diesem Abschnitt zu thun. Da wir uns nun zunächst an die
vier Hauptbriefe des Apostels halten wollten, müssen wir uns über die
Zugehörigkeit jener Kap. zu II Kor. klar sein. — H a u s r a t h , Der
Vierkapitel-Brief des Paulus an d. Kor., Heidelb. 1870, hält die Kap.
für den vom Apostel in 2 ₄ 7 ₈ erwähnten Brief, welchen er im Anschluss an ein Sendschreiben der Brüder zu Ephesus (vgl. 10 ₁: αὐτὸς
δὲ ἐγὼ Παῦλος) verfasst habe. So auch W a g e m a n n , S c h m i e-
d e l , P f l e i d e r e r , — K r e n k e l , Beiträge zur Aufhellung der
Geschichte und der Briefe des Apostels Paulus, Braunschweig 1890,
p. 269 f. wendet mit Recht ein, dass der Ton der vier Kapitel zu der in
2 ₄ geschilderten Stimmung sehr wenig passe, und will (p. 308—378)
10—13 ₁₀ für einen im Anschluss an ein Sendschreiben der macedoni-
schen Gemeinden an Korinth verfassten fünften Brief des Apostels an
die dortige Gemeinde halten, der dem vierten in Kap. 1—9 13 ₁₁—₁₃
enthaltenen bald gefolgt sei. Bei K r e n k e l findet man auch die
beste Orientierung über sonstige Hypothesen. — W e i z s ä c k e r l. l.
p. 304 309 f. hält die Kap. in ihrem jetzigen Zusammenhang: „Der
Unterschied (scil. der beiden Hauptabschnitte des Briefes) liegt nur
in der verschiedenen Gesichtsstellung." Diese Erklärung scheint mir
i. d. Th. ausreichend zu sein. Vgl. auch J ü l i c h e r , Einl. p. 63—67.
[2] πόλεις ὀχυρὰς ἐπέβη ὁ σοφὸς καὶ καθεῖλε τὸ ὀχύρωμα, ἐφ' ᾧ ἐπε-
ποίθεισαν οἱ ἀσεβεῖς.
[3] M I 424 R II 275; schon von W e t t s t e i n angeführt.

Wenn dem Apostel Gal 3 19 der νόμος als διαταγείς δι'
ἀγγέλων gilt, so weicht er damit, wie man längst einsah, von
dem alttestamentlichen Bericht weit ab [1] und teilt eine Vorstellung des damaligen Judentums, die, mochte sie auch an
Biblisches anknüpfen [2], doch im Wesentlichen unbiblisch war.
Dieser populären Anschauung [3], dass das Gesetz durch Ver-
mittelung der Engel gegeben sei, fügt aber Paulus sein ἐν
χειρί μεσίτου hinzu. Die Bezeichnung des Moses als μεσίτης
hat nun zwar an sich nichts auffälliges und könnte sich sehr
wohl direkt aus Deut 5 5 [4] erklären, so wie das ἐν χειρί
wahrscheinlich in Lev 26 46 seine Vorlage hat [5]. Bemerkenswert aber würde es sein, wenn sich eine Stelle aufweisen
liesse, in der Moses unter der Bezeichnung μεσίτης wieder
irgendwie in Verbindung mit den Engeln aufträte. Das
ist nun abermals bei Philo der Fall, wenn es de somniis
l. I heisst [6]: τὰς τοῦ πατρὸς ἐπικελεύσεις τοῖς ἐκγόνοις καὶ τὰς

---

[1] Vgl. Exod. 31 18 32 16 33 11 Deut 9 10.

[2] Schöttgen l. l. leitet sie davon ab, dass אלהים zuweilen
(vgl. z. B. Ps 8 6 Masor. mit LXX) für die Engel gebraucht werde.
Everling l. l. p. 62 ff., der die Anschauung auch in Gal 1 8 4 3 9
wiederfindet, erinnert nach anderen an die gewaltigen Naturerschei-
nungen, von denen nach kanonischem Bericht das Kommen Jahves
begleitet war, vgl. Exod 19 9 16 18 20 18 24 16 f. Ps 103 4 148 8 17 11.
LXX übersetzt Deut 33 2 אשדת (Feuerstrahlen? Bergabhänge?) mit
ἄγγελοι.

[3] Ihre weite Verbreitung beweisen besonders Joseph. Antiq. XV 5 3
(bei Richter III 206), Buch der Jubil. 1 2 6 50 (vgl. Everling
p. 64 f.), auch Act 7 38 53 und Talmud u. Midraschim (bei Schöttgen
p. 738: Jalkut Simeoni המלאכים אצל עלה seil. Moses). Natürlich soll
in allen diesen Stellen das Gesetz dadurch nicht entwertet werden;
das geschieht erst bei Paul. u. Ebr 2 2.

[4] Hier sagt Moses: ἑστήκειν ἀνὰ μέσον κυρίου καὶ ὑμῶν. Mit
Recht trägt deshalb Steck l. l. p. 227 Bedenken, Loman's
Ansicht zu acceptieren, der die Bezeichnung auf Assumptio Moys.
I 14 (arbiter), zurückführen will. In den Midr. Rabboth heisst Moses
סרסור.

[5] Vgl. auch Num 4 37 41 45 Paral. 3 33 8 Neh 9 14 etc.

[6] M I 642 R III 244. Auf die Stelle macht Lightfoot,

τῶν ἐκγόνων χρείας τῷ πατρὶ διαγγέλουσιν (scil. οἱ ἄγγελοι) . . .
τοῖς ἐπικήροις ἡμῖν συνέφερε μεσίταις καὶ διαιτηταῖς λόγοις
χρῆσθαι διὰ τὸ τεθνηκέναι καὶ πεφρικέναι τὸν παμπόλυταιν καὶ τὸ
μέγιστον ἀρχῆς αὐτοῦ κράτος, οὐ λαβόντες ἔννοιαν ἐδεήθημεν
ποτέ τινος τῶν μέσων λέγοντες· λάλησον σὺ ἡμῖν καὶ μὴ λα-
λείτω πρὸς ἡμᾶς ὁ θεός, μὴ ἀποθάνωμεν [1].

Bei einer andern Berührung genügt blosse Nebenein-
anderstellung der Texte, um die innige Verwandtschaft zu
veranschaulichen :

St. Paul's epistle to the Galatians[1], Lond. 1880, p. 145 aufmerksam,
ohne sie jedoch genügend zu würdigen.

[1] μεσίτης heisst Moses bei Philo ausserdem vita Moys. III M II
160 R IV 219. — Paulus geht wiederum hinaus über das, was der
Jude gesagt hat: ihm ist Moses nicht Vermittler wie die Engel,
sondern ihr Beauftragter. — Dass man sich der von Schulthess,
Gfrörer, Caspari, Vogel, Klöpper, Ritschl, Steck vertretenen,
durch V. 20 so nahe gelegten Auffassung, nach welcher Moses Vertreter der Engel ist — vgl. Steck l. l. p. 61 : eines Mittelmanns bedarf nicht ein einzelner, sondern eine Mehrheit, die Engel — anzuschliessen vielerseits noch Bedenken trägt, und den Gegensatz von
ἑνός statt in der Mehrheit der Engel lieber in einer Zweiheit von
Parteien (Sieffert, Lightfoot, Lipsius) oder neutrisch in der Ent-
zweitheit findet (vgl. Grotius, non solet sequester se interponere
inter eos, qui unum sunt i. e qui bene conveniunt; auch Holsten
l. l. p. 105 : der Mittler gehört einem Einigen = einer Geeintheit nicht
an), wird nicht zum mindesten daher kommen, dass man die Ver-
flachung, welche der Begriff des μεσίτης erfahren hat, übersah. Er
bedeutet zur Zeit des Apostels nicht ausschliesslich den Vermittler
zwischen zwei Parteien, sondern auch den Wortführer oder Sach-
walter einer Mehrheit, vgl. Josephus Antiq. XVI 2 2 R IV p. 7,
wo es von Herodes heisst: τῶν παρ' Ἀγρίππα πάντων ἐπιτετροπευένων
μεσίτης ἦν (bei Wettstein). Vgl. auch Cremer, Bibl. theol.
Wörterb. etc. [7], 1893. — „Nicht ohne Absicht wird Paulus bei der
Verheissung Gott ausdrücklich als Subjekt bezeichnet haben, vgl.
Gal 3 17 18, während er bei dem Gesetze verschweigt, wer der Ur-
heber ist"; es ist durch die Engel, die sich ihrerseits des Moses als
ihres Organs bedienten, an die Menschen gelangt; „bei der Verheissung
war Gott viel unmittelbarer beteiligt". (Vgl. Grafe, „D. Gesetz",
p. 18.)

Rm 1 26 b 27: αἵ τε γὰρ θή- | de special. leg. M II 306
λειαι μετήλλαξαν τὴν φυσι-
κὴν χρῆσιν εἰς τὴν παρὰ φύσιν.
27: ὁμοίως τε καὶ οἱ ἄρρενες
ἀφέντες τὴν φυσικὴν χρῆσιν τῆς
θηλείας ἐξεκαύθησαν ἐν τῇ ὀρέ-
ξει αὐτῶν εἰς ἀλλήλους ἄρρενες
ἐν ἄρρεσιν τὴν ἀσχημοσύνην
κατεργαζόμενοι.

R V 72: ἄρρενα φύσιν ἐπι-
τηδεύσει τεχνάζοντες εἰς θήλειαν
μεταβάλλειν οὐκ ἐρυθρῶσιν ...
τὴν παρὰ φύσιν ἡδονὴν διώκει
. . . .
ὠρέχθησαν τῆς μεταβολῆς τῆς
εἰς γυναῖκας [1].

Höchst auffällig aber ist es, dass das alttestamentliche
Wort Exod 16 18: οὐκ ἐπλεόνασεν ὁ τὸ πολύ, καὶ ὁ τὸ ἔλαττον
οὐκ ἠλαττόνησεν von Paulus wie von Philo als Beweis für
die göttliche Bestimmung der ἰσότης verwendet wird [2].

Wenn der Apostel ferner zur Veranschaulichung des
innigen Verhältnisses, in welchem er die Gemeinde mit
Christus weiss, sich II Kor 11 2 des Bildes vom Brautstand
bedient ἡρμοσάμην γὰρ ὑμᾶς ἑνὶ ἀνδρὶ παρθένον ἁγνὴν
παραστῆσαι τῷ Χριστῷ, so erinnert das wohl an Lev 21 13
(vgl. V. 14), wo es vom Hohenpriester heisst: οὗτος γυναῖκα
παρθένον ἐκ τοῦ γένους αὐτοῦ λήψεται, und man könnte zu
ἡρμοσάμην allenfalls Prov 19 14 anführen [3]. Ohne Beleg aber
bleibt bei dieser Vergleichung das so auffällige ἑνὶ ἀνδρί.
Da ist es nun wiederum Philo, der uns eine Stelle bietet,
in welcher auch jener eigentümliche Zusatz seine Erklärung

---

[1] Vgl. auch de Abraham M II 20f. R IV 31: ἄνδρες ὄντες
ἄρρεσιν ἐπιμαινόντες. Auch das πάθη Rm 1 26a hat seine Parallele in
dem philonischen Zusammenhang der oben citierten Stelle.

[2] Vgl. quis rerum divin. heres M I 499 R III 42 f. (übrigeus
statt ὁ τό — ᾧ τό) mit II Kor 8 13—15. Schon Grotius verweist an
dieser Stelle auf Philo. Auch in leg. allegor. III M I 119 ff. R I
170 ff. wird die alttestamentliche Erzählung allegorisch verwendet, doch
mit etwas anderer Spitze. Immerhin ist es bemerkenswert, dass das
hier bei Philo vorkommende αὐτάρκης sich in αὐτάρκεια II Kor 9
wiederfindet, wo das zweimalige περισσεύειν wohl auf 8 13—15 zurück-
weist.

[3] παρὰ δὲ κυρίου ἁρμόζεται γυνὴ ἀνδρί, wie denn überhaupt ἁρμόζειν
sich in den Proverbien öfter findet.

findet. In seiner Schrift de profug.[1] heisst es in allegorischer Deutung von Lev 21 13 von dem Weisen[2]: τούτῳ καὶ
παρθένος ἐκ τοῦ ἱεροῦ γένους ἁρμόζεται, καθαρὰ καὶ ἀμίαντος
καὶ ἀδιάφθορος εἰσαεὶ γνώμη ... Τὸ δὲ πολυμιγὲς καὶ πολύαν-
δρον καὶ πολύθεον μὲν οὖν κακόν, πόρνην, οὐδὲ προσιδεῖν ἀξιοῖ
τὴν ἕνα ἄνδρα καὶ πατέρα, τὸν ἡγεμόνα θεόν, ἐπιγεγραμμένην
ἠγαπηκώς.

Man wird zugeben, dass es sich hier zum Teil um sehr
auffällige Berührungen handelt.

Zu Rm 1 20 ff. geben Wettstein, Siegfried und
Steck einige philonische Parallelen. Man vergleiche:

Rm 1 20: τὰ γὰρ ἀόρατα αὐ-   leg. alleg. III M I 107 R
τοῦ ἀπὸ κτίσεως κόσμου τοῖς   I 153: διὰ τῶν ἔργων τὸν τεχ-
ποιήμασι νοούμενα καθορᾶται[3].   νίτην κατανοοῦντες[4] (scil. οἱ δο-
                                   κοῦντες ἄριστα φιλοσοφεῖν vgl.
                                   φάσκοντες εἶναι σοφοί Rm 1 22).

Von Paulus wie von Philo wird diese natürliche Gottes-
erkenntnis nur für eine minderwertige gehalten im Vergleich
mit der wahren, mystischen.

Rm 1 23: καὶ ἤλλαξαν τὴν   de vita Moys. 1. III M II
δόξαν τοῦ ἀφθάρτου θεοῦ ἐν   161 R IV 220 heisst es von
ὁμοιώματι εἰκόνος φθαρτοῦ ἀν-   den Verehrern des goldenen
θρώπου[5].   Kalbes: οἱ τὸν ἀληθῆ θεὸν κατα-

[1] M I 563 R III 134. Die Stelle wird von Heinrici neben
Prov 19 14 für παρθένον ἁρμόζεσθαι angeführt. Vgl. übrigens hierfür
bei Philo noch de special. legibus M II 275 R V 15.

[2] Doch ist das Vorangehende und Nachfolgende auch auf den
Logos bezogen.

[3] Sachlich vgl. Ps 18 2ff. 8 2—4 Jes 40 26.

[4] Der Gedanke wird hier sehr weit ausgeführt. Vgl. auch de
praem. et poenit. M II 415 R V 227: ἀπὸ τῶν ἔργων εἰκότι λογισμῷ
στοχασάμενοι τὸν δημιουργόν. Doch könnte dem Apostel auch Sap.
Sal. 13 3ff. 9 vorgeschwebt haben, wofür der mit dieser Stelle gemeinschaftliche Uebergang zum Götzendienst sprechen würde. Vgl. Grafe,
Sap. 271 f.

[5] Vgl. übrigens auch Ps 105 20, wo es von den Kindern Israel
heisst: καὶ ἠλλάξαντο τὴν δόξαν αὐτῶν (A: αὐτοῦ) ἐν ὁμοιώματι μόσχου;
einige Codices haben bei Paulus danach in ἠλλάξαντο korrigiert.

λιπόντες τοὺς ψευδωνύμους ἐδημι-
ούργησαν φθαρταῖς καὶ γενηταῖς
οὐσίαις τὴν τοῦ ἀγενήτου καὶ ἀφθάρτου πρόσρησιν ἐπιφημίσαντες'.

Rm 1 25: ἐλάτρευσαν τῇ κτί-
σει παρὰ τὸν κτίσαντα.

de somniis M I 632 R III
231: οἱ γένεσιν πρὸ τοῦ ἀγεν-
νήτου θεραπεύειν ἀναγκαζόμενοι.

Rm 2 4: ἢ τοῦ πλούτου τῆς
χρηστότητος αὐτοῦ καὶ τῆς ἀνο-
χῆς καὶ τῆς μακροθυμίας κα-
ταφρονεῖς;

leg. alleg. I M I 50 R I 68:
τί ἕτερον παρίστησιν (scil. ὁ θεός)
ἢ τὴν ὑπερβολὴν τοῦ τε πλούτου
καὶ τῆς ἀγαθότητος αὐτοῦ;

Bei Rm 4 17 erinnert Siegfried (vgl. auch Steck) an
de migr. Abr. M I 442 R II 301. Zur Deutung des Fu-
turums ἣν ἄν σοι δείξω in der Verheissung an Abraham Gen
12 1 heisst es hier:

κατέναντι οὗ ἐπίστευσεν (scil.
Ἀβραάμ) θεοῦ τοῦ ζωοποιοῦν-
τος τοὺς νεκροὺς καὶ καλοῦντος
τὰ μὴ ὄντα ὡς ὄντα vgl. V. 19 21.

εἰς μαρτυρίαν πίστεως, ἣν ἐπίστευσεν ἡ ψυχὴ θεῷ . . . ἀνεν-
δοίαστα νομίσασα ἤδη παρεῖναι
τὰ μὴ παρόντα.

Ferner vergleiche man

Rm 7 18 mit de gigant. M I 266 R II 56:

οἶδα γὰρ ὅτι οὐκ οἰκεῖ (vgl.
V. 20) ἐν ἐμοί, τοῦτ᾽ ἔστιν ἐν τῇ
σαρκί μου. ἀγαθόν,

αἴτιον δὲ τῆς ἀνεπιστημοσύ-
νης μέγιστον ἡ σὰρξ καὶ ἡ πρὸς
σάρκα οἰκείωσις[2],

sowie

Rm 12 1 mit de prof. M I 559 R III 129, wo es zu Exod
32 27: καὶ κτείνει ἕκαστος (τὸν) ἀδελφὸν καὶ πλησίον καὶ τὸν
ἔγγιστα heisst:

παραστῆσαι τὰ σώματα ὑμῶν
θυσίαν ζῶσαν τὴν λογικὴν λα-
τρείαν ὑμῶν[3].

ἀδελφὸν μὲν ψυχῆς τὸ σῶμα,
τοῦ δὲ λογικοῦ πλησίον τὸ ἄλο-
γον . . . οὕτως γὰρ μόνως θερα-
πευτικὸν γένοιτο τοῦ τῶν ὄντων ἀρί-
στου τὸ ἐν ἡμῖν αὐτοῖς ἄριστον.

---

[1] Vgl. auch de ebrietate M I 374 R II 206.

[2] Philo kam auf diesen Ausdruck durch Lev 18 6.

[3] Doch könnte dem paulinischen Wort auch Ps 39 7 zu Grunde

Auch die Korintherbriefe bieten ausser den bereits erwähnten noch manche Berührungen mit Philo.
I Kor 3 ı f. erinnert an de agrig. M I 301 R II 107:

λαλῆσαι ὑμῖν ... ὡς νηπί-   ἐπεὶ δὲ νηπίοις μὲν ἐστι
οις ἐν Χριστῷ γάλα ὑμᾶς ἐπό-   γάλα τροφή, τελείοις δὲ τὰ ἐκ
τισα οὐ βρῶμα, οὔπω γὰρ ἐδύ-   πυρῶν πέμματα, καὶ ψυχῆς γα-
νασθε,   λακτώδεις μὲν ἂν εἶεν τροφαὶ
     κατὰ τὴν παιδικὴν ἡλικίαν, [1]

und wäre es blosser Zufall, dass dort, wo Paulus γάλα noch
einmal im bildlichen Sinne gebraucht: I Kor 9 ₇ sich auch
ein ähnliches Beispiel findet, wie es der eben citierten Philo-
Stelle unmittelbar vorhergeht, und zwar unter auffälliger Wort-
gemeinschaft? Man vergleiche

τίς φυτεύει ἀμπελῶνα καὶ τὸν   ὃν (scil. τὸν νοῦν) τὰς ἀπὸ ...
καρπὸν αὐτοῦ οὐκ ἐσθίει [2];   τῶν φυτευθέντων ὠφελείας εἴωθε
     καρποῦσθαι.

Mit Wahrscheinlichkeit legt ferner Steck dem Worte
des Apostels I Kor 7 ₂₁ den bei Philo quod omnis prob.
liber M II 453 R V 279 citierten Trimeter zu Grunde

δοῦλος ἐκλήθης; μή σοι με-   δοῦλος πέφυκας; οὐ μέτεστί
λέτω.   σοι λόγου.

                       Philo erwidert:

V. ₂₂: ἀπελεύθερος κυρίου   οὐδεὶς ἄρα τῶν σπουδαίων δοῦ-
ἐστίν.   λος, ἀλλ᾽ ἐλεύθεροι πάντες.

---

liegen: θυσίαν καὶ προσφορὰν οὐκ ἠθέλησας, σῶμα δὲ κατηρτίσω μοι
ὁλοκαύτωμα. vgl. Ebr 10 ₅—₇ ₁₀. Nachträglich sehe ich, dass Dähne
l. l. II p. 60 diese Psalmstelle bereits von den alexandrinischen
Uebersetzern in dem asketischen Sinne des Leibesopfers verstanden
wissen will.

[1] Vgl. auch die ähnliche Stelle de congr. quaer. erud. grat.
M I 521 f. R III 74 f., s. Hausrath l. l. II 416 A. 2. Anregung zu
diesem wiederholt gebrauchten Bilde könnte Philo durch Jes 28 ₉
erhalten haben; doch vgl. Aehnliches in der Profanlitteratur der Zeit
bei Wettstein.

[2] Die Anlehnung dieses Spruchs an Deut 20 ₆ Prov 27 ₁₈ schliesst
Reminiscenz an das Bild bei Philo ja nicht aus.

Wie überrascht der Vergleich zwischen I Kor 7 31 und de Josepho M II 61 R IV 88:

οἱ χρώμενοι τὸν κόσμον ὡς χρῶ μὴ παραχρώμενος [1]. μὴ καταχρώμενοι.

Und diese Uebereinstimmung ist um so auffallender als in dem philonischen Zusammenhang auch die Vorlage für die kurze Frage- und Antwort-Form gegeben war, deren sich der Apostel in 1 Kor 7 des öfteren bedient [2].

In II Kor 3 18 heisst es, nachdem zuvor von der Hülle des Moses die Rede war: ἡμεῖς δὲ . . . μεταμορφούμεθα ἀπὸ δόξης εἰς δόξαν. Sollte dieser Ausdruck vielleicht in Erinnerung an Philo de vita Moys. I M II 89 R IV 126 [1] gewählt sein, wo Moses μεταμορφούμενος εἰς προφήτην genannt wird?

Auch das in II Kor 6 14 [3] gebrauchte Bild: μὴ γίνεσθε ἑτεροζυγοῦντες ἀπίστοις· τίς γὰρ μετοχὴ δικαιοσύνῃ καὶ ἀνομίᾳ ἢ

---

[1] Bei Wettstein.

[2] Vgl. V. 18 21 27 mit Philo: περιουσιάζεις; μεταδίδου· ὀλίγα κέκτησαι· μὴ φθόνει τοῖς ἔχουσι und so fort.

[3] Auch 6 14—7 1 wird von vielen Forschern aus II Kor., als nicht von Paulus herrührend, ausgeschieden, vgl. Schrader, Emmerling, Ewald, Holsten, Renan, Michelsen, Krenkel, Schmiedel. Während Hilgenfeld, Franke, Pfleiderer, Harnack (zur Ueberl.-Gesch. der altchr. Litt. T. I. XII 1, p. 3) dem Passus unter Wahrung der paulinischen Autorschaft nur eine andere Stelle anweisen wollen, weil er den Zusammenhang unterbreche (7 2 Fortsetzung von 6 13), fanden z. B. Holsten, Schmiedel (vgl. auch Heinrici) besonders den μολυσμὸς σαρκός widerpaulinisch, und Krenkel (vgl. auch schon Heinrici) entdeckte besondere Verwandtschaft des Abschnitts mit I Clemens. Die einzige zunächst frappante Berührung, die gemeinschaftliche Bezeichnung Gottes als παντοκράτωρ (II Kor 6 18 I Clem 2 3 32 4 ist nur eine scheinbare, denn die Citationsformel λέγει κύριος παντοκράτωρ erklärt sich bei Paulus aus dem Zusammenhang der unmittelbar vorhergehenden alttestamentlichen Anführung Basil β, 7 14 vgl. V. 8. — Auch dieser Abschnitt hat neben Meyer und Klöpper besonders an Weizsäcker (l. l. p. 305 f.) einen warmen Anwalt gefunden. μολυσμὸς σαρκός ist freilich bei Paulus höchst auffallend; aber in dem Fragment, das wir Paulinismus nennen, giebt es manches Hapaxlegomenon (Gunkel). Vgl. auch Jülicher, Einl., p. 62 f.

τὶς κοινωνία φωτὶ πρὸς σκότος: könnte Paulus von Philo entlehnt haben, der de creatur. principum M II 369 f. R V
164 f. [1] nach freier Wiedergabe von Lev 19 19, jedoch unter
Beibehaltung des ἑτεροζύγας, den Spruch allegorisch als Ver-
bot des Ehebruchs [2] deutet, dann aber fortführt: λεκτέον δὲ
καὶ νῦν ἐν τοῖς περὶ δικαιοσύνης ... ἔστιν οὖν δίκαιον εἰς ταὐτὸ
ἄγειν τὰ δυνάμενα κοινωνεῖν· τὰ δ'ὁμογενῆ πέφυκεν εἰς κοινωνίαν·
wer aber Heterogenes verbinden will, der ist ἄδικος, νόμον
φύσεως ἀναιρῶν.

Und sollte der Apostel auf den Ausdruck ἐδίωκεν [3] Gal
4 29 in jener typischen Verwertung der Erzählung von Isaak
und Ismael nicht vielleicht durch Reminiscenz an Philo de
Cherubim M I 140 R I 200 gekommen sein? Hier heisst
es: ὅταν ... ἐπιλάμψῃ ... τὸ εὐδαιμονίας γένος ὁ Ἰσαὰκ παιδιᾶς
οὐ τὰς παίδων ἀλλὰ τὰς θείας οὐκ ἄνευ σπουδῆς μεταδιώκων,
ἐκβληθήσεται μὲν τὰ ἐπώνυμα τῆς Ἄγαρ προπαιδεύματα [4].

[1] Bei Wettstein.

[2] Klingt nicht auch bei Paulus noch eine ähnliche engere Auffassung durch? Vgl. 7 1 καθαρίσωμεν ἀπὸ παντὸς μολυσμοῦ σαρκός.
Vgl. übrigens auch zu diesem Vers eine philonische Parallele de offe-
rentibus M II 251 R IV 340 f. (Wettstein).

[3] Ueber den biblischen Bericht geht auch dieser Ausdruck jedenfalls hinaus, denn Gen 21 9 heisst es nur מְצַחֵק משחק מצחק מעם Isaak.
Sachlich dasselbe wie Paulus bietet die jüdische Tradition. Vgl.
bereschith rabba bei Wettstein (auch bei Nork): dixit Ismael
Isaako: eamus et videamus portionem nostram in agro et tulit Ismael
arcum et sagittas et iaculatus est Isaacum et prae se tulit ac si luderet.
Man rechtfertigte diesen Bericht durch Verbindung von Gen 21 9 und
Prov 26 19 οὕτως πάντες οἱ ἐνεδρεύοντες τοὺς ἑαυτῶν φίλους, ὅταν δὲ
ὁραθῶσιν, λέγουσιν ὅτι παίζων ἔπραξα.

[4] Hauptsächlich waren es Stellen aus dem grossen Hauptwerke
Philo's νόμων ἱερῶν ἀλληγορίαι, in denen wir Berührungen mit paulinischen Worten fanden. Zu diesem Hauptwerk gehört eigentlich alles,
was bei Mangey im ersten Bande steht, mit Ausnahme von de opi-
ficio mundi, vgl. Schürer l. l. II 840. Aus einem andern Werke,
der Darstellung der mosaischen Gesetzgebung für Nicht-Juden, in der
es sich um Historie handelt, mit nur gelegentlicher Anwendung der
Allegorie (ibid. 846), waren es die Traktate de Josepho und de special.
legibus, mit denen der Apostel bekannt schien. Und ausserdem be-

Die Untersuchung ist fragmentarischen Charakters und beansprucht keine zwingende Beweiskraft. Immerhin dürfte angesichts einer solchen Fülle zum Teil doch wirklich überraschender Berührungen vielleicht auch andern die Bekanntschaft des Apostels mit den Werken Philo's weniger unwahrscheinlich geworden sein. — Fruchtlos wäre dieser Anhang nicht, wenn er dazu diente, aufs neue das Interesse auf seinen Gegenstand zu lenken.

merkten wir Anklänge an die Schriften de vita Mosis, quod omnis probus liber und de creatura principum. Auf seinen späteren Reisen fand Paulus schwerlich die Zeit zu solcher Lektüre. Hat er vielleicht während seines Aufenthaltes in den „Gegenden von Syrien und Cilicien" (Gal 1 21), etwa in Antiochia oder Tarsus (vgl. Weizs. d. a. Z.[2] p. 82) Gelegenheit dazu gehabt? —

Job.

5	13	22 ff.
13	1	47
	16	23
14	4 f.	23
19	26	23
38	11	23
41	3	22 f.

Psalmen.

2	7	53
5	10	19 40
8	2 ff.	93
	6	90
9	28	19
13	1	43
	3	19 40
15	10	53
17	11	90
18	2 ff.	93
21		34
	8 9 19	35
23	1	36
31	1 f.	51
32	10	34
35	2	19
39	7	94 f.
43	25	16 21
48	13	33
49	12	36
61	13	43
69	23	43
77	14 16	86
	18 29	13
	35	87
82	7	62
83	8	51
93	11	43
95	12 ff.	18
103	4	90
104	30	86
105	14 25 29	13
	20	93
106	26	36
	33 35	86
109	1	55
111	9	59
113	1	28
	17 ff.	86
116	1	16 21 43
117	22	41
121	3	62

Psalmen.

139	4	19 40
142	2	51
148	8	90

Proverbien.

3	4	43
	7	36 43
19	14	92
20	12	47
21	22	89
22	8	16
25	21 f.	17 21 36
26	19	97
27	18	95

Canticum.

1	10	30
8	5	62

Sapientia Salom.

9	8	45
10	15 ff.	87
	17	86
11	7	86
13	3 ff. 9	93
15	11	55
19	7	86

Sirach.

Prolog		19 28
1	10	47 f.

Hosea.

1	10	15 21
2	1	17 21
	23	17 21 59
6	2	53
10	12	37 41 f.
11	9	62
13	14	27

Joël.

2	28 f.	56

Nahum.

3	17	33

Habak.

2	4	38 51

Zachar.

12	10	25

Maleachi.

1	2	43 59

Jesaia.

7	14	56
8	14	29 f. 41
	22	64
9	6	56
10	22 f.	15 60
11	6 ff.	83
16	1	39
17	10	87
25	8	24 ff.
26	4	87
27	9	36
28	9	95
	11	27 f.
	16	17 29 f. 41 51
	24	45
29	10	37 43
	14	34
33	18	32 f.
	19	28
38	5	53
40	5 f.	51
	13	16 36
	14	18
	26	98
45	11	64
	23	15 18 60
49	8	36
	16	62
50	7	41
51	2	63
52	5	37 59
	7	30
	11	43
53		34 50
	4 5 12	35 53
	8 9	53
54	1	63
55	3	53
	10	37 41

Jesaia.

59	7	19 40
	8	14 19 40
64	4	47
65	1	17 43
	2	43
	15f.	47f.

Jeremia.

2	12 13	39
3	6	39
9	23	21 43 72

Baruch.

3	23	62

Ezechiel.

36	21	37
40—48		62

Daniel.

6	22	25

1 Maccab.

5	39	62

Matthäus.

5	31	49
	37 44	82
8	17	35
10	16	24
12	3ff.	37
	39f.	53
13	16	44
17	3	37
19	3ff.	52
	8	49
25	31ff.	45
27	9	46
	35 39 43 46	35

Marcus.

15	24 29 34	35

Lucas.

4	17	19
11	29	53
16	16 29	37

Lucas.

24	27	1
	44ff.	1 37

Johannes.

19	37	25

Acta.

2	27	53
3	24	1
7	38 53	90
8	28	20
13	31ff.	53

1 Petrus.

1	11	1
2	6f.	41

Römer.

1	2	53
	17	51 72
	20 23	93
	25	94
	26 27	92
2	4	94
	6	43
	13	75
	15	81
	24	37 56 59
	29	57f.
3	4	56
	8	82
	10ff.	37 40 43 49
		56 59 72
	13ff.	19
	17	4
	19	59 72
	20	51 56
	21	49
	22	51
4	3	11 51 57
	4	13
	6ff.	51 73
	9ff.	51
	13	13
	16	60
	17	72 94
	19	13 94
	21	94
	25	35 53

Römer.

5	14	73
6	3	82
7	1f.	49
	7	11
	8	13
	10f.	13 74f.
	12 14	74
	18 20	94
8	19ff.	83
	29	85 88
	32	13
	30	72
9	5	73
	7f.	11 56 64 72
	8	60
	10ff.	56
	12f.	37
	13	43 59
	15ff.	11 37 56 73
	17	14f. 20 43 56
		57
	23	45
	24ff.	11
	25	17 21 56 59 73
	26	15 21 56
	27	15 56 60 73
	29	56 73
	32f.	11
	33	17 41 60
10	5	20 37 50 52 75
	6ff.	36 60 81
	11	17 51 57
	12f.	11
	13	72
	15	11 30
	16f.	11 53 73
	19	11 37 43 56 73
	20	17 43 73
	21	43
11	2	57
	3f.	11 20 22 43 56
	5	11 64
	8	17 20 37 43 56
	9	43 73
	11	11
	14	11
	26f.	36 60 72
	34	16 18 36 37 72
	35	18 22f.
12	1	57 58 94
	2f.	33
	14	82

Römer

12	16	36 43 72
	17	37
	19	11 30 ff. 36 57
		72
	20 f.	17 21
13	9	17 20 57 76
	14	12
14	11	15 56 60 72
15	2 ff.	57
	4 f.	57
	9 ff.	37 56 72
	10	74
	11	16 21 43
	12 f.	11 73
	14 ff.	78
	16	57
	21	56

I Korinther.

1	17 f.	11
	19 f.	11 34 37 56 72
	20	32 f.
	25	82
	29	11
	31	11 21 43 56
		64 72
2	9	11 44 ff. 56 64
		72 81 82
	10	58 83
	12	11
	14	74
	16	11 16 18 36
		56 72
3	1 f.	95
	16	57
	19	22 ff. 56 64 72
	20	43 56 64
4	1 2	82
	6	57
	13	17
5	4 f.	78
	6	83
	7	57
	13	20 43 64 72
6	9	45
	16	64 74
	17	82
7	10	82
	18	96
	19	76 81
	21 f.	95 96

I Korinther. (Fortsetzung)

7	27	96
	31	82 96
	39	49
	40	58 78
8		70
9	7	95
	8	57
	9	11 57 65 68 73
	10	82
	13	57
	14	82
	24 ff.	83
10	1	86
	2 3 f.	56 61
	4	68 85 ff.
	6	13 61
	9 10	13
	11 12	61
	18	57
	20	64
	26	36 72
11	7	54
	18 19 23 ff.	
	26	82
12	8	70
13	2	69
	12	66
	13	82
14	6	70
	18	58
	20	83
	21	11 27 f. 49 72
	25	64
	34	49 57 82
15	3 f.	53
	25	55 72
	32	64 72
	33	83
	45	54 f. 72
	47 ff.	11
	54	24 ff. 56
	55	27

II Korinther.

1	17	82
	20	1
2	14	69
3		78
	3	13
	6	57 f.
	7 ff.	13

II Korinther

3	13 ff.	66
	15	73
	18	13 96
4	4	13 88
	6	13
	8	64
	13	11 13
	16	13
6	2	11 36 57 73
	14	96 f.
	16	20 37 57 73
	17	11 16 43
	18	11 96
7	1	11 97
	10	82
8	13 ff.	92
	15	16 20 57
9	5 f.	12
	6	57
	7	16 57 72
	8	92
	9 f.	11 37 57 59 64
	10	41
10	4 f.	89
	12	12
	16 f.	12
	17	21 43 64 72
11	3	24 64
13	1	17 20 43 72
	5 ff.	82

Galater.

1	8	90
2	2	78
	16	51 76
	18	82
3	6	37 51
	8	11 51 57 76 82
	10	20 72 76
	11	51 72 76
	12	20 75 76
	13	29 50 72 76
	14	56
	15 ff.	51
	16	57 60 f. 65 f.
		74 76
	17	10 77 91
	18 f.	51
	19	60 90 f.
	20	91
	21	75

Galater.			Galater.			Ebräer.		
3	22	51 57	5	1	11	7	21	73
	24	68		6	81	10	5 ff.	95
	27	12		9	83		30	30 73
	28 f.	61		13	11		38	51
4	3	90		14	57 76	11	33	25
	4	50 55 f.	6	15	81	12	22	62
	6	60						
	9	90	**I Thessalon.**			**Apocal. Joh.**		
	21	37	4	13 ff.	82	1	7	25
	22 ff.	13 61 ff. 72	**Ebräer.**			3	12	62
	27	72 76	1	7 ff.	73	11	8	70
	29	97	2	2	90	21	2 10 ff.	61
	30	11 17 20 57 76	4	4 7	73		4	25